UNA TRAVESÍA
QUE NO TIENE FIN

Derecho de autor 2024 por Félix Castro y Carmencita Burgos
Una travesía que no tiene fin

Impreso en los Estados Unidos de América
ISBN: 979-8-3507-1604-7
Primera Edición

Todos los derechos reservados. Ninguna porción de este libro podrá ser reproducida, procesada o almacenada en algún sistema de recuperación, ni transmitida en cualquier forma o por cualquier medio mecánico, fotocopias, grabación u otro; excepto por citas breves en reseñas, sin previa autorización escrita de los autores. A menos que se indique lo contrario, todos los textos bíblicos han sido tomados de: Santa Biblia, Versión Reina Valera 1960, © 1960 por la Sociedad Bíblica en América Latina. Nueva Versión Internacional, © 1999 por la Sociedad Bíblica Internacional. Versión Dios Habla Hoy, © 1996 por Sociedad Bíblica Internacional. Nueva Traducción Viviente, © 2010 por editorial Tyndale House Foundation.

Diseño de portada, interior del libro y edición: Blessed Books Creations
Facebook.com/ Blessed Books Creations
Email: blessedbookscreations@gmail.com

Las gráficas presentadas al inicio de cada capítulo fueron realizadas por el pintor puertorriqueño Carlos García. Email: charlieebobo@gmail.com

Para contactar a los pastores Félix Castro y Carmencita Burgos puede escribir a: knoykrmencita@gmail.com o gabneri2105@gmail.com.
Página web: https://cdarphilly.com/team/revfelixcastro/

Clasificación: Crecimiento Espiritual

Comentarios

"Los Pastores Félix Castro y Carmencita Burgos son un matrimonio íntegro. Sus hijas, amistades e Iglesia pueden testificar de ellos. Solo basta con ver todas las peripecias que han tenido que atravesar en este camino de fe y, sobre todo, siempre estando juntos. Prepárese a embarcarse en una experiencia maravillosa en este libro, teniendo como inspiración un matrimonio que ha pasado por mucho, pero teniendo a Dios como ancla, guía y propósito. A mis amigos Pastores Felix y Carmencita gracias porque sus experiencias sirven de consejo a nosotros".

Rev. Ricardo Ramírez Rivera
Pastor IRCAP - Ponce, Puerto Rico

"Desde que conocimos a Félix y Carmencita en el año 2012, hemos observado que son un matrimonio cristiano muy unido que refleja el amor de Dios en sus vidas. Su compromiso con Cristo y su iglesia es uno encomiable el cual les ha servido como fundamento sobre el que han construido sus vidas. Como padres, son excepcionalmente amorosos y dedicados a sus dos hijas, Neri y Gabriela. A pesar de los muchos desafíos que Félix y Carmencita han tenido que enfrentar, según lo relatado en el primer capítulo 'Iniciamos el Viaje: Nuestra Historia', ellos han sabido dar un claro ejemplo de lucha, superación y de lo que debe ser un matrimonio saludable y estable en medio de una sociedad en crisis familiar. Por eso y por mucho más cuentan con nuestra admiración y respeto. Me complace decir que el libro "Una travesía que no tiene fin" por Félix y Carmencita, es una adición oportuna, útil, y necesaria a las fuentes ya existentes. Este material en particular combina un sentido de realismo con sugerencias y aplicaciones prácticas para las parejas quienes desean tener mayor éxito en su vida matrimonial. Félix y Carmencita han combinado su experiencia personal con los problemas enfrentados desde el 'Inicio de su viaje matrimonial' con el conocimiento adquirido no solo en la academia, sino en la universidad de la vida. Su manera peculiar de comunicar sus experiencias vividas, facilita la comprensión de los temas tratados en esta obra. Temas tales como: la comunicación, conexión emocional, respeto mutuo y el perdón, convierten a este libro en un excelente recurso de principios básicos para un matrimonio saludable. En mi estimación lo que separa este material de otros es que se presenta desde el contexto de sus propias vivencias a diferencias de otros materiales basados en puros conceptos teóricos. Estoy convencido de que al igual que nosotros, las personas que tengan acceso a este material se han de identificar con la experiencia de Félix y Carmencita. Dicha experiencia, no es única y exclusiva de ellos, sino que es la experiencia global en un mundo que ha abandonado los sanos principios Bíblicos".

Rev. Moisés y Evelyn Nieves
Pastores de Iglesia La Familia Cristiana IEDJ – Bronx, NY

"El matrimonio es un hermoso regalo de Dios para una pareja, no obstante, al casarnos no recibimos instrucciones que nos indiquen como vamos a lograr que dos personas completamente diferentes, cada cual con sus propias experiencias que han marcado sus vidas, logren remar juntos a puerto seguro. Muchos ni siquiera tomamos algún curso que nos enseñara el modelo de Dios para el matrimonio por lo cual entendemos que solo el amor es suficiente. En 'Una travesía que no tiene fin', el testimonio de los pastores Félix Castro y Carmencita Burgos nos recuerda que las tormentas llegan a la vida de las parejas inevitablemente, pero tenemos herramientas para sobrellevarlas mientras Dios disipa los retos y venda nuestras heridas. Este libro te invita a hacer una introspección de tu pasado para perdonarlo y dejar atrás las cosas que te han causado dolor y no permiten una vida matrimonial saludable. A revisar tu presente, para reconocer las áreas de oportunidad donde todavía puedes cambiar por el bien de tu casa y a mirar tu matrimonio a la luz de la Palabra de Dios, con la esperanza de que puedas comenzar a disfrutar de una nueva etapa que esté basada en la confianza de que cuando Dios es el centro, podemos amar y servirnos el uno al otro con alegría".

José "Remi" Vega Santana y Bettina Mercado

"Conocemos a los pastores Carmencita Burgos y Felix Castro ('Cano' como cariñosamente le llamamos) desde hace aproximadamente veinte años; un matrimonio conforme al corazón de Dios y padres de dos hermosas 'pequeñas mujeres'. Tuvimos el gran privilegio de hospedarles a ellos y a sus hijas por varios meses con anterioridad a su partida de Puerto Rico hacia los Estados Unidos respondiendo al Gran Llamamiento. Lo que testificamos de ellos como matrimonio, lo hacemos de propio y personal conocimiento y no por 'percepciones'. Aunque en su libro expresan que 'no son el matrimonio perfecto', no es menos cierto, que los pastores Castro-Burgos, sin lugar a dudas, son un testimonio de amor, respeto, comprensión, sometimiento y obediencia, primeramente, a nuestro Señor Jesucristo y consecuentemente, uno al otro. Como abogada de Derecho de Familia, puedo acreditar, que los principios expuestos en este libro son medulares e imprescindibles si deseamos vivir relaciones matrimoniales de permanencia. Es sorprendente saber cuántos matrimonios cristianos optan hoy día por el divorcio, consecuencia fatal de corazones que aunque una vez profesaron y prometieron amarse 'para siempre', deciden, en cuanto a su vida matrimonial, beber de estanques espirituales y emocionales, y no acudir a la Fuente de Agua Viva, para ser renovados y reformados. Cristianos llenos de mucho resentimiento y amargura, faltos de perdón negándose rendir a Cristo el 'todo'. Mediante estas líneas próximas, nuestro Salvador nos ofrece la oportunidad de adquirir las herramientas que nos enseñen a amar "para toda la vida", fundamentando ese amor en entrega verdadera y no a medias, como la de Él. Las enseñanzas que nos brindan estas páginas repercutirán para siempre. ¡Bienvenidos a la Travesía!

Braulio Acosta y Lic. Sandra Lugo
Amigos/Hermanos de los pastores Félix y Carmencita

"Una vez leí que hay algunos cristianos cuya sola presencia incita a otros a ser mejores cristianos, esos son los pastores Félix y Carmencita. Ellos modelan a Cristo como individuos y como pareja. Con su ejemplo, inspiran a otras parejas a estar cimentados en el Señor y a realizar el trabajo necesario para construir un matrimonio fuerte, no por su poder, sino por el Espíritu. Su testimonio y experiencia los califica para enseñar principios bíblicos para restaurar y fortalecer matrimonios. Los principios de los pastores Félix y Carmencita, de amor mutuo, fidelidad y actitud de servicio, contradicen el mensaje de la cultura moderna de que el matrimonio no significa para siempre, sino simplemente por ahora; y que empezar de nuevo, después de un divorcio, es la mejor solución a los problemas matrimoniales. Es una bendición conocer una pareja con un amor profundo y genuino por Dios expresado exteriormente en su compromiso mutuo y en su servicio a los demás. Recomiendo que lean este libro. ¡Está lleno de sabiduría, aliento y esperanza!"

Fred y Kassandra Obrien
Misioneros – Kid's Alive International, Constanza, RD

"Si hubiera que escoger manuales de ayuda para familias, matrimonios y noviazgos con éxito debemos incluir esta joya literaria "Una travesía que no tiene fin" Este libro podrá influenciar en el avivamiento de corazones saludables en nuestras familias hispanas. Félix y Carmencita con sus vidas y ministerio le otorgarán herramientas para las crisis, ayudando no tan solo la iglesia sino toda nuestra comunidad hispano parlante".

Pastor Onix I. Matos
Senior pastor en Rock Christian Ministries/Centro Cristiano

"Mi respeto, admiración y todo mi cariño a este bello matrimonio pastoral con el cual Dios me ha permitido estrechar lazos de amistad. En este caminar ministerial uno conoce muchas personas, pero hay algunas que nos marcan por su testimonio, pasión y entrega por la obra de Dios, ellos son unos de esos. Les honro, sé que este libro marcará un nuevo tiempo en sus vidas y ministerio. En una hora crítica y decisiva donde la institución del matrimonio y la familia está siendo azotada por una ola que busca destruir los más básicos conceptos, tengo por seguro que este libro entregará estrategias para vencer esos dardos, estrategias espirituales y desde unos corazones genuinos, con el fundamento de experiencias vividas y reales que te ayudarán abrazar tu primer llamado y ministerio. Tu Familia y tu matrimonio".

Kimmey Raschke
Evangelista y Escritora

Agradecimientos

Primeramente, queremos agradecer a nuestro Padre Celestial. Señor, en Tus planes estaba el que nuestras vidas se unieran. Tú nos has guiado, iluminado, bendecido, fortalecido, defendido, protegido, y hasta aquí nos has traído.

Gracias Espíritu Santo, que nos has inspirado para dejar plasmadas estas letras y ser de bendición a otros.

Queremos expresar nuestra gratitud a Blessed Books Creations y a la Pastora Mary Martínez por la edición del libro.

A Carlos García por los dibujos y gráficos que engalanan las páginas introductorias de cada capítulo.

A nuestras familias: Castro, Burgos, Jaime y Rivera.

A los pastores amigos que han sido más que amigos, hermanos. Y a los hermanos de las iglesias que, para la gloria del Señor, hemos podido pastorear.

A nuestras hijas que han sabido caminar con nosotros en los valles y en las cimas de las montañas.

A todos ustedes van nuestras palabras de gratitud.

Pastores Félix y Carmencita

Dedicatoria

Este libro que Dios puso en nuestro corazón, tenemos el honor de dedicárselo a tres personas muy especiales y que jugaron un papel muy especial en nuestra relación desde que comenzó. Primero, al Reverendo Jonathan F. Castro Benabe (1948-2020) QEPD. Fue él, a quien Dios utilizó para que nuestras vidas se encontraran y nuestra relación comenzara. Él fue mi padre (Félix) y fue el pastor de Carmencita. Gracias a la Palabra de Dios depositada en él, Carmencita entregó su vida al Señor. Fue él quien también bautizó a Carmencita y quien nos casó en febrero 20 de 1999, motivándonos a darnos una nueva oportunidad en el amor.

Además, dedicamos este libro a nuestros Pastores: Dr. Reverendo Denis Soto Hernández y Pastora Magdalena Ralat quienes nos modelaron y nos guiaron en nuestros primeros años de matrimonio. Ellos nos discipularon, nos dieron testimonio y sus consejos siempre fueron de crecimiento y gran bendición para nuestro matrimonio. Se convirtieron en nuestros padres espirituales y de ellos recibimos mucho amor, no solo nosotros, sino también nuestras hijas. Una vez el Señor nos llamó a salir del país, ellos continuaron brindándonos su mentoría y cuidado. Incluso han viajado a los estados en donde hemos pastoreado. Siempre han dicho presente para nosotros y vivimos agradecidos a Dios por sus vidas. Por esas razones y muchas más, que no cabrían en estas páginas, les dedicamos este nuestro primer libro.

Contenido

Agradecimientos   ix

Dedicatoria   x

Introducción   xiii

Capítulo 1
Iniciamos el viaje: Nuestra historia   19

Capítulo 2
Empaquemos y hagamos las maletas   35

Capítulo 3
Esto es necesario para el viaje   51

Capítulo 4
Lo que mata al amor   89

Capítulo 5
Sube la verja   109

Capítulo 6
No seas un rehén emocional   125

Conclusión
Que continúe la aventura   139

Introducción

Van un poco más de dos décadas, desde que mi esposa Carmencita y yo decidimos unir nuestras vidas en matrimonio. Esta ha sido una travesía que arrancó con la fuerza de un avión al despegar. Y ahí está uno sentado sintiendo ese rugir de los motores haciendo fuerza para levantar esa nave cargada de pasajeros y sus cargamentos (así nos sentimos esos primeros años de casados). No han pasado algunas horas cuando se comienzan a sentir algunas turbulencias, unas más fuertes que otras. Va cada persona en su silla, asustada, pero siempre con la confianza de que llegará al destino (así también nos sentimos pasados unos años de casados).

Ha sido un periplo que, como barco en alta mar, ha pasado por tormentas y ha sido azotado por las altas olas que le han querido hundir. Ha habido momentos donde hemos tenido que, desesperados y sin saber cuál es el norte, echar las anclas para permitir que la nave permanezca quieta más allá de las corrientes. En esa quietud hemos aprendido a esperar, que no es nada fácil, y a confiar que hay uno mayor que nos mantendrá a flote.

Este viaje, como un automóvil, ha tenido que tomar rutas llenas de pedregales, curvas peligrosas, pendientes y cuestas muy empinadas. Situaciones que, como neblina en las montañas de Cayey, Puerto Rico, en el mes de febrero a las cinco de la mañana, nos ha nublado la vista y no sabemos qué camino tomar. Ha habido momentos donde sentimos que el combustible no va a ser suficiente para continuar el viaje. No obstante, hemos aprendido también la importancia de darle un mantenimiento constante al automóvil para que siempre esté en las mejores condiciones. De igual forma, hemos tomado el tiempo para darle mantenimiento a nuestro matrimonio.

En el recorrido, como en un tren, hemos tenido que hacer algunas paradas, necesitado del arrastre de la locomotora y pasado por túneles rocosos, por encima de hermosos riachuelos e impresionantes paisajes. En este hermoso viaje, hemos tenido que aprender muchos aspectos del matrimonio a la fuerza, golpeándonos fuerte contra la pared. Y en otras ocasiones, hemos tenido quien nos modele y dirija para poder continuar. Es por eso por lo que, desde que esta trayectoria comenzó, hemos sido acompañados por personas que, continuando con la metáfora de tren, se han montado en nuestro vagón. Unos han venido a añadir e impulsar, a adiestrar y a servir como mentores. A esos les hemos invitado para que continúen con nosotros el viaje. Otros se han montado y luego se han bajado del vagón, por diferentes razones y circunstancias. A esos les hemos bendecido y deseado siempre lo mejor.

Ahora bien, ¿Por qué otro libro sobre el matrimonio? ¿Acaso no hay suficientes? Sí, los hay y muchos son excelentes. Incluso hemos sido nutridos por un sinnúmero de ellos. En mis años como consejero cristiano he tenido que leer mucho acerca de matrimonios, ya que esta es la especialidad en la que hice mi maestría en consejería pastoral. Llevo más de 10 años trabajando con parejas y he podido identificar algunos problemas que son recurrentes en las parejas. Las mismas problemáticas y cuestiones, en diferente grado, circunstancia y/o eventualidad. Cabe también mencionar que las tasas de divorcio siguen en aumento cada año, y más en matrimonios cristianos. Barna Group[1] reporta lo siguiente: entre los adultos que han estado casados, el estudio descubrió que un tercio (33%) ha experimentado al menos un divorcio. Eso significa que, entre todos los estadounidenses mayores de 18 años, ya sea que hayan estado casados o no, el 25% ha pasado por una separación matrimonial. El estudio mostró que el porcentaje de adultos que han estado casados y divorciados varía de un segmento a otro. Por ejemplo, los grupos con la experiencia más prolífica de matrimonios que terminan en divorcio son los adultos de bajo nivel (39 %), los nacidos en la posguerra (38 %), los alineados con una fe no cristiana (38 %), los afroamericanos (36 %), y personas que se consideran liberales en materia social y política (37%). Entre los segmentos de la población con menor probabilidad de haberse divorciado después del matrimonio se encuentran los católicos (28 %), los evangélicos (26 %), los adultos de clase alta (22 %), los asiáticos (20 %) y los que se consideran conservadores en lo social y asuntos políticos (28%)[2].

Entonces, ¿Qué nos motiva para escribir este libro? Primero, hemos sentido un llamado de Dios para realizar esta hermosa tarea de bendecir a otros con nuestros testimonios y experiencias. Como creyentes, entendemos que el matrimonio no solo es una unión entre dos personas, sino también una alianza que refleja el amor incondicional de Dios por nosotros. Sin embargo, mantener un matrimonio cristiano saludable en un mundo lleno de desafíos y distracciones no siempre es fácil. A lo largo de estas páginas, descubrirás que mantener un

---

[1] Barna.com es una organización que se dedica a hacer encuestas por más de 40 años. Barna Group ha realizado más de dos millones de entrevistas a lo largo de miles de estudios y se ha convertido en una fuente de referencia para obtener información sobre la fe y la cultura, el liderazgo y la vocación, y las generaciones. Barna Group ha rastreado cuidadosa y estratégicamente el papel de la fe en Estados Unidos, desarrollando una de las bases de datos de indicadores espirituales más completa del país.
[2] https://www.barna.com/research/new-marriage-and-divorce-statistics-released/

matrimonio cristiano saludable va más allá de técnicas y estrategias temporales. Se trata de cultivar un fundamento sólido arraigado en la fe, la intimidad y la voluntad de seguir creciendo juntos para toda la vida. Cada capítulo explorará un aspecto clave del matrimonio cristiano y proporcionará herramientas prácticas, consejos bíblicos y ejemplos de lo que hemos vivido como matrimonio para que lo puedas aplicar en tu propia relación.

Segundo, el anhelo de ver los matrimonios restaurados, fundidos, fusionados, fuertes, saludables y con la esperanza de un futuro esplendoroso. Es mi deseo ver matrimonios tan sólidos, que las olas más fuertes no les puedan desgastar, que los vientos más fuertes no les puedan hacer mover, que las curvas más cerradas no les hagan perder el equilibrio y la dirección, que mantengan un círculo de influencia saludable con buenos mentores, amigos y guías espirituales que los lleven y conduzcan a su destino.

Es por esto por lo que aquí comenzaremos explorando los cimientos del amor cristiano y cómo nuestra relación con Dios nos ha equipado para amarnos de manera incondicional. Compartiremos contigo el testimonio acerca de cómo comenzó nuestra relación. A medida que avancemos en la lectura, profundizaremos en la importancia de las necesidades en el matrimonio. Allí analizaremos temas como: comunicación, la conexión emocional y el respeto mutuo, aprenderemos a construir puentes sólidos que fortalezcan nuestra relación y nos permitan enfrentar los desafíos de manera efectiva. Abordaremos temas cruciales como el perdón, la resolución de conflictos, el establecimiento de límites y la forma correcta de manejar las discusiones, siempre reconociendo que ningún matrimonio está exento de desafíos. Sin embargo, con la orientación de Dios y el compromiso mutuo, podemos suplir las necesidades el uno al otro y así superar cualquier obstáculo y crecer en unidad.

Según vayas leyendo tendrás una mejor comprensión acerca de: ¿cómo hacemos para suplir las necesidades del uno y del otro? ¿Cómo evitamos a toda costa, vivir y actuar dirigidos por aquellas cosas que matan el amor? ¿Cómo podemos tener límites saludables entre nosotros y con aquellos que están cerca de nosotros? Cada uno de estos tópicos lo veremos en todas las áreas: la relación de pareja, los hijos, las finanzas, las emociones. Porque en todas esas áreas hay necesidades que deben ser suplidas, hay unos destructores de los cuales tenemos que cuidarnos, y hay unos límites que tenemos que establecer.

Exploraremos la importancia de nutrir la intimidad física y emocional en el matrimonio, comprendiendo que el amor sexual dentro del contexto del matrimonio cristiano es un regalo divino que nos une más profundamente. Además, destacaremos el papel fundamental de la oración en pareja, invitando a Dios a ser el centro de nuestro matrimonio. Descubriremos cómo la oración en pareja puede fortalecer nuestra conexión espiritual y brindar dirección y sabiduría en momentos de incertidumbre. También auscultaremos la importancia de mantener una visión compartida, y cómo establecer metas y sueños juntos puede fortalecer nuestra unión y fomentar el crecimiento tanto individual como pareja. Nuevamente, a lo largo de este libro, conocerán algunos de nuestros testimonios sobre aquellos momentos en que hemos enfrentado desafíos y experimentado el poder transformador de Dios en nuestro matrimonio. Estas historias le mostrarán que no están solos en esta aventura y jornada de fe y que el amor de Dios tiene el poder de sanar, restaurar y renovar cualquier matrimonio.

Nuestro deseo es que este libro sea una guía práctica y alentadora que le brinde las herramientas y la inspiración necesaria para mantener un matrimonio cristiano saludable. A medida que apliquen los principios y las enseñanzas aquí presentadas, estoy seguro de que verá el amor de Dios florecer en su relación y experimentará la plenitud y la alegría que solo se encuentran en un matrimonio centrado en Cristo.

Debo aclarar que mi esposa Carmencita y yo, no somos el matrimonio perfecto, de hecho, no he conocido un matrimonio que lo sea. Tampoco nos ha dado un ataque de pedantería y nos creemos ser los que más sabemos de matrimonios. Nuestro matrimonio ha estado plagado de cambios en términos de: localidad, finanzas, ministerios, relaciones. Cada uno de esos cambios ha significado un desafío y un reto, como lo son casi todos los cambios. A su vez, cada cambio nos ha unido más, nos ha hecho crecer. Luego de todos estos años de convivencia y experiencias compartidas sentimos el deseo de dejar plasmados en blanco y negro lo que juntos hemos vivido. Entendemos que, como dice el refrán: "Nadie aprende por cabeza ajena", aun así, nuestras experiencias vividas pueden servir de aliciente, aliento, motivación a otras parejas para que su travesía no tenga fin.

Así que, prepárese para embarcarse en este viaje de crecimiento y transformación matrimonial. Exploraremos los fundamentos para un matrimonio cristiano saludable, basados en el amor incondicional de Dios y Su deseo de que experimentemos el gozo y la plenitud en nuestra relación. ¡Qué Dios le bendiga ricamente en su travesía hacia un matrimonio cristiano saludable, duradero, que no tiene fin!

Comencemos la aventura…

CAPÍTULO 1
Iniciamos el viaje: nuestra historia

La historia de nuestra unión fue una bastante excitante, así como cuando uno va despegando en un avión. El corazón se acelera, hay emociones, expectativas, y uno anhela llegar al destino sano y salvo. Al menos así yo veo el comienzo de nuestra relación. Yo, Félix, estaba en medio de unos cambios muy significativos en mi vida. Acababa de restaurar la relación entre mi papá y yo. Esta se había deteriorado por muchos años, debido a diversas razones. Mi vida sentimental estaba hecha un desastre, recién había terminado una relación "tóxica", como la llaman hoy en día. El haberme reencontrado con mi papá me dio cierto alivio. Por otro lado, comencé a servir como músico en la iglesia donde mi papá era pastor. Eso mantenía mi mente ocupada. Al mismo tiempo, y sin yo saberlo, mi esposa Carmencita estaba terminando una relación, quizás más tóxica que la que yo había terminado.

Mi papá era el pastor de Carmencita. Él se propuso hacer el trabajo de cupido. Recuerdo que una mañana antes de salir hacia el servicio me dijo: "Canito (ese es mi apodo, solo los más cercanos me llaman así) en la iglesia hay una muchacha que ha estado sufriendo mucho con el novio que tenía. Tú y ella harían una pareja muy linda. Ella es muy especial, profesional, responsable..." Y comenzó a decirme muchas cosas buenas de Carmencita buscando convencerme de comenzar algo con ella. Mi respuesta inmediata fue: "Papi, yo no quiero en este momento comenzar nada. No fue fácil la relación anterior, dame un break". Mi padre, insistente, me dijo: "No hay problema respeto tu decisión, solamente fíjate en el segundo banco de la iglesia, al lado izquierdo de la nave. En ese banco es que se sienta ella. Casi siempre viene con el pelo suelto, negro y usa falda larga y es cachetona". ¿Ya les había dicho que mi papá era insistente? Pues sí.

Honestamente, sin yo quererlo, en medio de las alabanzas, fijé mis ojos... ¿Pueden imaginar dónde verdad? Sí, en la segunda fila de bancos del lado izquierdo de la iglesia, y busqué a la muchacha cachetona, de pelo largo, negro y falda que estaba sentada allí. Mi corazón comenzó a palpitar rápidamente al ver que ella también me estaba mirando. Fue algo momentáneo, raudo y veloz, pero profundo. Al llegar a la casa esa tarde... Sí, adivinaron. Mi padre me llamó a su oficina en la casa y me preguntó: "¿La viste?, ¿qué te pareció?" Era insistente e indagador (en el dialecto puertorriqueño, un presentao). Le dije: "Ya te dije que no quiero empezar nada". Él me respondió: "No te voy a insistir (sí, claro), solo te voy a dar el número de su beeper[1] por si cambias de opinión. El resto está en tus manos". Yo tomé aquel papelito donde estaba escrito el número del beeper de Carmencita y me lo llevé al cuarto.

Esa noche dije: "Bueno, vamos a ver si ella me contesta". Envié un mensaje con un Salmo que no recuerdo cuál fue. ¿Por qué un Salmo? Pues mi papá me había dicho que ella no estaba feliz y pensé que así podía levantarle el ánimo. Además, me habían dicho que la mejor manera de conquistar a una muchacha era a través de la Palabra. Aunque mi intención original no era conquistarla, pero ¿qué si en el camino lo lograba? No les voy a negar que desde el primer día que la vi me cautivó su mirada, su sonrisa, su cara y la forma en que adoraba al Señor. Así que envié el mensaje y su respuesta a mi mensaje fue: "¿Quién es y por qué me escribe?" Yo pensé: "Ya lo dañé". Pero acto seguido, me presenté y le dije: "Que, si no le estaba malo, le iba a enviar mensajes que la animaran". Ella estuvo de acuerdo.

---

[1] Era un dispositivo muy sencillo de telecomunicaciones que recibía mensajes cortos. Incluía una pantalla de cristal líquido, una alerta vibratoria y sonora y botones de control. Los beeper utilizaban señales de radio para enlazar un centro de control de llamadas con el destinatario. Fue popular en la década de 1990, antes que llegaran los teléfonos móviles y existiera messenger o whatsapp.

Pasaron varias semanas, y para no aburrirlos con tanto diálogo, decidimos salir juntos.

Fuimos a dar un paseo por uno de los hoteles de San Juan, Puerto Rico y allí le platiqué varias cosas: quién era, que hacía para ganarme la vida y algunas cosas de mi pasado. Le dije que iba a ser pastor (quería que supiera lo que iba a encarar si la relación finalmente se concretaba), que no quería más relaciones de noviecitos sin compromisos serios y que si íbamos a comenzar una relación iba a ser para toda la vida. Nos besamos, caminamos agarrados de manos, y decidimos darnos la oportunidad de comenzar la relación. Habían pasado solo unos meses cuando decidimos comprometernos para casarnos. A un año y algunos meses de habernos conocido ya teníamos fecha para la boda y el 20 de febrero del 1999, nos unimos en matrimonio.

Como mencioné anteriormente, era como un avión despegando. Teníamos sueños, planes, expectativas e ilusiones. Íbamos con toda la fuerza del mundo. Queríamos que todo saliera bien, era nuestro mayor deseo. Esto es importante porque ambos veníamos de hogares disfuncionales, donde hubo maltrato emocional y físico. Nuestra niñez y juventud estuvo plagada de dolor. En mi caso el dolor del divorcio de mis padres y los abusos que vi de parte de mi papá hacia mi mamá. Ambos vimos infidelidades y muchas circunstancias que hicieron de nuestra niñez una muy difícil. Carmencita sufrió abuso emocional, sexual y físico. Desde un principio hablamos y decidimos que no queríamos que lo que vivimos en nuestra niñez y juventud, se repitiera con nosotros. Simplemente, no lo queríamos, estábamos dispuestos a hacer que este avión alzara el vuelo y llegara a su destino. Carmencita y yo creíamos, y creemos firmemente, que las cadenas del pasado pueden ser rotas por el Señor. Pero, a su vez, requiere que haya de nosotros: intencionalidad, disponibilidad, y decisión absoluta de hacer cambios para que no repitamos lo antes vivido. Solo así estamos rompiendo con esas cadenas del pasado.

Así comenzamos esta aventura que muy pronto encontraría algunos desafíos, retos, huecos en el camino, ráfagas de vientos, turbulencias y muchos cambios. *"Muchas son las aflicciones del justo, pero de todas ellas le librará Jehová", Salmo 34:19.* Ambos estábamos trabajando con mi papá en la iglesia, además de nuestros trabajos seculares. Carmencita trabajaba como artista gráfico en una imprenta y yo como maestro de Educación Cristiana y Música en la escuela que tenía la iglesia. Vivíamos en un estudio pequeño, pero para comenzar estábamos bien.

> *Las cadenas del pasado pueden ser rotas por el Señor.*

A un año de casados nos enteramos de que Carmencita estaba embarazada. Nos dio mucha alegría, comenzamos a escoger el nombre para el bebé, fuera hembra o varón. Habíamos separado un cuarto para el bebé. No obstante, un día fuimos a la cita del ginecólogo y se descubrió que el bebé tenía problemas. Ya tenía 4 meses de gestación. De una oficina nos enviaron a otra y al llegar el bebé ya no tenía latidos. Por tener 4 meses Carmencita tuvo que dar a luz al bebé muerto. De más está decir que fue un golpe muy duro. Sentimos como las turbulencias comenzaron a agudizarse de forma violenta. Es que uno se ilusiona y comienza a hacer planes alrededor de la promesa. Sin embargo, la promesa ya no estaba. Aun así, aprendimos a decir como Job: *"El SEÑOR me dio lo que tenía, y el SEÑOR me lo ha quitado. ¡Alabado sea el nombre del SEÑOR!" Job 1:21.*

Todo esto ocurrió un miércoles y el domingo estábamos en el servicio cantando alabanzas al Señor. Los hermanos de la iglesia no podían entender que tuviéramos tal felicidad. Y es que muchos cristianos olvidan que nuestra fuerza viene del Señor. Olvidan que *"Aun cuando yo pase por el valle más oscuro, no temeré, porque tú estás a mi lado",* Salmo 23:4. Cuando digo que olvidan estos versos, no es que lo olvidan de su memoria, de hecho, muchos los recitan, pero a la hora de la prueba, olvidan el significado de estos versos. Créame, aquellos hermanos de la iglesia estaban maravillados, nos decían: "Pero ustedes se ven con una paz, ¿no están tristes?" Nuestra respuesta era: "El gozo del Señor es nuestra fortaleza". Y no fue que no lloráramos, sí, lo sufrimos, iba a ser nuestro primer hijo, y ese iba a ser el varón. Pero Dios tenía otros planes. Desde que comenzó nuestra relación entendimos que los planes que Dios tiene para nosotros son, en el decir de Jeremías: *"Pues yo sé los planes que tengo para ustedes—dice el SEÑOR—. Son planes para lo bueno y no para lo malo, para darles un futuro y una esperanza"* Jeremías 29:11.

Continuamos laborando en la obra del Señor y en nuestros trabajos. Luego de poco más de un año viviendo y trabajando en aquel lugar, sentimos que Dios nos estaba llamando a regresar al área metropolitana, donde nos habíamos criado. La opción más viable era ir a vivir en la casa de la mamá de Carmencita, quien había enviudado unos años antes de casarnos, y tenía un lugar disponible para nosotros. Así hicimos y Dios nos abrió las puertas para un nuevo trabajo para ambos. Comenzamos a servir en la Iglesia del Nazareno Getsemaní de Guaynabo Puerto Rico, lugar donde fuimos pastoreados y discipulados por el Rev. Dr. Denis Soto Hernández, quien, a partir de ese momento, se convirtió en nuestro papá.

Nuestros horarios cambiaron y a la vez adquirimos nuevos ministerios y responsabilidades. Yo comencé a estudiar en las noches para terminar mi bachillerato. De momento lo que estaba ya bien estructurado ahora estaba fuera de control. Casi no teníamos tiempo para vernos, estábamos en una casa que no era la nuestra. Para aumentar un poco la turbulencia, Carmencita volvió a quedar embarazada y ese segundo bebé también lo perdimos. Fue un aborto espontáneo estando en la casa. Fue otro golpe duro, y no entendíamos por qué. Nosotros, ya para ese tiempo, habíamos aprendido a no preguntarle al Señor ¿por qué?, sino ¿para qué? Así que nuevamente le dijimos al Señor: "Tú sabes lo que estás haciendo con nosotros, nosotros nos sometemos a Tu voluntad y a tus procesos". Esa segunda pérdida, como recién empezábamos en los nuevos trabajos, nos atrapó sin dinero y sin un buen plan médico. Dios que es fiel envió a una persona para prestarnos el dinero que necesitábamos. Cada turbulencia, en esta travesía, se iba haciendo más fuerte y difícil de manejar.

Después de varios meses viviendo con mi suegra, surgió la oportunidad de mudarnos a un apartamento. Ve llevando la cuenta de las mudanzas porque han sido muchas. En ese apartamento estuvimos alrededor de 5 meses, y luego nos mudamos a uno más pequeño. Este fue un momento de pausa, de esperar en el Señor y de buscarle más íntimamente. Recuerdo que, en ese apartamento pequeño, una noche decidimos ser lo más honestos posible el uno con el otro en cuanto a lo que fue nuestra pasada vida. Es un ejercicio muy necesario, de hecho, hablaremos de esto cuando lleguemos al capítulo de las necesidades de él y de ella. Es algo que recomendamos a toda pareja que haga. Fue en ese momento donde nuestros corazones se entrelazaron más profundamente. Pudimos entender lo que cada uno vivió con detalles y a cabalidad. Eso nos ayudó a seguir poniendo de nuestro esfuerzo y empeño para nunca repetir lo que antes vivimos.

Un día en la iglesia llegó una sierva del Señor, la Reverenda Belkis Moya. Aquella mujer de Dios oró por Carmencita y le dijo: "Cuando yo vuelva a predicar aquí, tú me vas a dar buenas noticias de que estás embarazada". Al principio, no les niego que, esa palabra profética era un poco ambigua para mí. Pues, ¿qué tal si ella volvía a predicar a nuestra iglesia en seis años? Para nuestra sorpresa, Carmencita quedó embarazada y nos enteramos un miércoles. Estando yo en la casa contento por la noticia, llamo al pastor y le pregunto sobre el recurso que iba a estar el próximo viernes en una vigilia que teníamos. El pastor me dijo: "Yo le hablé a Belkis Moya para que sea la predicadora de la vigilia". Dios tenía todo ya planeado.

Volvimos a la casa de mi suegra para que Carmencita estuviera atendida durante el embarazo. Estábamos contentos, pero nuevamente se comenzaron a sentir las turbulencias en el aire, el camino se tornó un poco nublado. El peso de la bebé le atrofió el nervio ciático a Carmencita. Los últimos tres meses del embarazo ella los pasó de cama. Solo salía a las citas, a las que iba en silla de ruedas, no podía caminar, el dolor era intenso. Finalmente, nació nuestra primera hija, Neri.

Como les dije hace un momento, hemos aprendido que las pruebas van, la mayoría de las veces, en "crescendo". La niña ya llevaba dos días con nosotros en casa cuando, de momento, dejó de reaccionar, no respondía a nada, estaba como desmayada. Corrimos al hospital. Allí llegó nuestro pastor, juntos oramos. La doctora que estaba atendiendo a la bebé trataba de ponerle un suero, pero al ser tan pequeña, no podían encontrar la vena. Mientras la bebé lloraba, nuestra alma se angustiaba y se nos apretaba el corazón en el pecho. Luego de haber orado apareció una doctora de cuidados neonatales y ella nos dijo que la bebé se tenía que quedar en el hospital siete días. Esto fue devastador. Llegar a casa para ver una cuna vacía y no saber qué estaba pasando con nuestra bebé, era un trago bien amargo. Carmencita decidió que se iba a sentar frente a la cuna, a llorar y a orar.

Yo me fui a la sala a recibir las llamadas que los hermanos de la iglesia y familiares nos estaban haciendo. ¡Qué hermoso es cuando podemos apoyarnos los unos a los otros! Hubo una llamada que me impactó. Este hermano me dijo: "Te llamé solo para que sepas que estoy aquí. Llora, grita, yo solo voy a escucharte". Acaso, ¿no es eso lo que nos pide la Biblia que hagamos? *"Alégrense con los que están alegres y lloren con los que lloran" Romanos 12:15*. ¿No es eso lo que decía John Wesley? "El evangelio de Cristo no conoce otra religión que no sea social; ni santidad que no sea santidad social"; "Santos solitarios es tan inconsistente como decir: santos adúlteros".[2]

> **El evangelio de Cristo no conoce otra religión que no sea social; ni santidad que no sea santidad social.**

Cuando vivimos de esta forma, hacemos que las tormentas de la vida de nuestros hermanos no causen tantos estragos. Hacemos que los vientos cesen, aunque sea por un momento. Eso pasó con nosotros. Sentimos como nuestros hermanos se echaron la carga que sentíamos en sus hombros y nos ayudaron a llevarla juntos en oración. Al otro día corrimos al hospital a ver como estaba la bebé. La doctora nos dijo: "Neri ha estado en óptimas condiciones, pasó la noche muy bien, pero es política del hospital que se quede en los siete días. Yo se las daría hoy mismo, pero saben que es mejor que esté

---

[2] Obras de Wesley, "Himnos y Poemas Sagrados", No. 5, VIII.

esos días aquí, así se pone más fuerte para cuando regrese a casa". Recuerdo que uno de los días llegó con nosotros al hospital la Reverenda Belkis Moya. Nos dijo: "Esa niña es promesa de Jehová, nada ni nadie va a impedir que el propósito de Dios se cumpla en ella". Esa noche regresamos a casa con una paz como la que describe la Biblia. *"La paz de Dios, que sobrepasa todo entendimiento, que guarda nuestros corazones y nuestros pensamientos en Cristo Jesús"* Filipenses 4:15.

Neri nos fue devuelta a los siete días, más fuerte y sólida. Gracias a Dios, hasta el día de hoy es una joven muy saludable. Luego de un año pudimos comprar nuestra primera casa. Lograrlo tampoco fue fácil. Habíamos ido a la casa y habíamos orado allí. Teníamos todos los documentos listos y entregados en la compañía de venta de casas. El día que nos iban a entregar la casa, ya estábamos listos y recibimos una llamada en la que se nos decía que no nos iban a entregar la casa ese día y que la casa para la que aplicamos no iba a ser la que nos iban a entregar, sino una que quedaba en otro lugar de la urbanización.

Nosotros estábamos entusiasmados con esa casa (A-35), porque justo frente a la casa iban a construir un parque para los niños. Así que se podrá imaginar cómo nos sentimos. Hicimos algunas llamadas, y Dios usó a una gran amiga y hermana en la fe, que trabajaba en ese banco. Ella movió cielo y tierra. Gracias a Dios esa noche firmamos todos los documentos y nos entregaron nuestra primera casa y sí, fue la A-35. Allí vivimos 5 años y fueron muchas las tardes que nuestras hijas disfrutaron del parque que estaba justo frente a nuestro hogar. Sentimos como el avión comenzaba a volar con más tranquilidad.

Hay momentos en que pareciera que la promesa de Dios no se va a cumplir o que se va a cumplir solo de forma parcial. Le pasó a Abraham, Isaac y Jacob, aquellos hombres que narra el capítulo 11 del libro de los Hebreos. Dice el texto: *"Y todos estos, aunque alcanzaron buen testimonio mediante la fe, no recibieron lo prometido" Hebreos 11:39*. Estos hombres de fe murieron sin recibir lo prometido. Pero vivieron creyendo y teniendo fe de que sí recibirían lo prometido por Dios. Su fe nunca menguó.

En nuestro caso, teníamos una promesa; la casa A-35. Sin embargo, se levantaron turbulencias, muchas veces causadas por el enemigo de nuestra alma (en este caso, la persona del banco). Es importante saber que, si no cuidamos nuestros pensamientos, y no mantenemos la fe, podemos llegar a pensar que Dios no cumplirá Su promesa. Pero no es así, Dios siempre cumple Sus promesas, y va a abrir puertas a favor de Sus hijos. ¿Qué nos toca hacer? Mantener la fe. Aun si al final del día Dios tiene otro plan, nuestro trabajo es creer y mantener la fe, y confiar en la promesa que nos ha sido dada.

Si usted es un lector detallista, habrá notado que dije que nuestras hijas, hablando en plural, jugaron en el parque que estaba frente a nuestra casa. Y es que estando en nuestro nuevo hogar, Dios permitió que llegara a nuestras vidas nuestra segunda hija, Gabriela. Este fue un momento en que nuestras vidas se estabilizaron un poco. Pero no pasó mucho tiempo cuando vino otro embate. Esta vez en el área de las finanzas. El enemigo no es creativo, siempre que nos ha atacado, como matrimonio, lo ha hecho, como has podido ver, en el área de la salud, las finanzas o con nuestras hijas. Él sabe que no va a poder socavar nuestro matrimonio en términos del amor que nos tenemos el uno por el otro y también sabe que el compromiso que nos hemos hecho es muy fuerte como para trastocarlo.

INICIAMOS EL VIAJE: NUESTRA HISTORIA

¿Qué pasó esta vez? Iba de camino a mi trabajo y de la nada apareció este vehículo que me impactó y mi carro resultó en pérdida total. Esto me obligó a dejar mi trabajo, lo que a su vez significaba que me quedaba sin plan médico. Era en este tiempo que Carmencita estaba embarazada de Gabriela. Dios, que nunca nos deja, abrió una puerta y comencé a trabajar en un colegio cristiano como capellán. Ahora miro hacia atrás y puedo ver como Dios fue poniendo cada pieza en su lugar. Dios me estaba acercando más y más al llamado que desde mi niñez me había hecho.

Unos meses después, una hermana de la iglesia nos hizo el regalo de pagar el pronto para un vehículo nuevo. Con cada turbulencia hemos visto como la mano de Dios sostiene y provee para nuestras vidas. Cada promesa que Él nos ha hecho viene a fiel cumplimiento. Al enemigo parece no gustarle esto, así que levanta los vientos para que se creen más turbulencias. Recuerda que el enemigo viene a matar, a robar y a destruir. A solo unos meses de nacida, Gabriela comenzó a convulsar en la casa, tuvo una reacción a un medicamento y tuvimos que pasarnos unos días con ella en el hospital. Esa turbulencia puso en riesgo la vida de nuestra pequeña Gaby. No obstante, gracias a Dios de allí salió bien y no hubo nada que lamentar. Aunque sentimos que esta vez la sacudida fue bien fuerte.

Luego de eso, apareció un nuevo trabajo como maestro de música en una de las mejores escuelas de Puerto Rico. De forma milagrosa Dios abrió esa puerta para mí y para mi familia. Todo se fue alineando hasta que vino el primer cambio mayor. Estando en la escuela recibí la horrible noticia de que mi cuñado, el pastor José Miralles, un hombre de fe, había muerto. Sin pensarlo decidimos ir a Connecticut para acompañar a mi hermana y mis sobrinos en su momento de dolor. Para nuestra sorpresa, estando en Connecticut, Dios nos habló que nos quería en Estados Unidos. Sus palabras fueron claras: "Dios los quiere aquí, no tengan miedo, Dios va a poner todo en su lugar". Fueron tres las personas que nos dijeron las mismas palabras y los tres no se conocían. Llegamos en enero del 2009 a Puerto Rico, pusimos nuestra casa en venta y el 2 de junio de 2009, partimos con mucha fe, a la nueva vida que Dios tenía destinada para nosotros.

Si piensa que voy a decirle que llegamos a Estados Unidos y todo fue un sueño, y nos ha ido de maravillas, pues no. Hemos vivido en esta nación, en carne propia, lo que dice la Biblia: *"Muchas son las aflicciones del justo...".* Hemos tenido que enfrentar un idioma y una cultura que no es la nuestra. Mis hijas sufrieron bully. Tuvieron que, con valentía y audacia, enfrentar la barrera del idioma y, a como dé lugar, aprender el inglés. Buscar trabajo no fue fácil. Pero como termina el texto que antes mencioné: *"Mas de todas ellas le librará el Señor".* Conseguimos trabajo, vivienda, escuela para las niñas. Dios nunca nos dejó, ¿lo había escrito antes?, pues para que no lo olvide. Dios nunca nos dejó. Dios me permitió comenzar mis estudios en consejería pastoral, no era fácil, pues era en línea y todo en inglés. Pero para Su Gloria pude terminar dos maestrías. Se levantaron vientos fuertes contra nuestro matrimonio. Dios nos arrancó del lugar donde estábamos sirviendo y nos llamó a plantar una iglesia. ¡Qué sentido del humor, el de Dios! Plantar una iglesia hispana en Estados Unidos. Otra vez, con una fe grande comenzamos en la sala de mi casa lo que fue la Iglesia R.E.D. (Restaurados en Dios).

Nuevamente y luego de 5 años pastoreando la iglesia, Dios nos habló de salida. Esta vez nos tenía preparado un tiempo de desierto. Fuimos a pastorear a la ciudad de Nueva York. La ciudad que jamás pensamos. Encontrar escuela para mi hija Neri fue difícil, por lo que ella tuvo que comenzar a estudiar por el método de "homeschooling". Haber dejado a sus amigos de la infancia fue duro para ella, y ahora estar en la casa encerrada estudiando, no era fácil. Todo esto desembocó en ansiedad y depresión. La vida en la ciudad de Nueva York es muy agitada. Mi otra hija sufrió bully por parte de uno de sus mismos maestros. En fin, fueron dos años difíciles, pero nos unieron más como matrimonio y como familia.

Pasado este tiempo y ya sin fuerzas para continuar, Dios nos llamó a pastorear en Philadelphia. Comenzaba a verse la pista de aterrizaje y las luces que dirigen al avión para que el aterrizaje sea correcto. Llegamos en octubre de 2019. Todo iba marchando bien hasta marzo del 2020, momento en que el mundo experimentaría el embate del Covid-19. Pudimos trabajar con ahínco para bendecir a las familias en necesidad. Dios nos sorprendió y en medio de la pandemia pudimos adquirir nuestra nueva casa. Como familia hemos encontrado en Philadelphia un hogar. No es que el viaje haya terminado y que no vayamos a pasar por más turbulencias, solo que hemos podido aterrizar de forma segura en el lugar que Dios tenía separado para nosotros.

Ya que has conocido nuestra historia, es posible que hasta te hayas sentido identificado con ella. Este viaje ha estado plagado de experiencias enriquecedoras y que nos han hecho más fuertes. Para esta travesía cada uno de nosotros venía cargando con una maleta. Nos pasa a todos. Las experiencias de la vida, en nuestra niñez, adolescencia y juventud, van llenando esa maleta de muchas cosas. En el próximo capítulo voy a abundar sobre el tema del equipaje que llevamos con nosotros. Luego hablaremos de algunas herramientas que hemos utilizado para que esta travesía no tenga fin. Para que este recorrido de vida llegue a su destino y llegue bien.

PREGUNTAS DEL CAPÍTULO 1

1. ¿Le ha hablado el Señor a través de nuestra historia?

___
___
___
___

2. ¿Se sienten identificados con nuestra historia? (Escriban en las siguientes líneas aquellos momentos turbulentos que hayan vivido como matrimonio).

___
___
___
___

3. Reflexione y piense cómo Dios ha estado con usted en esos momentos de turbulencia que mencionó anteriormente (escriba como Dios los ayudó a sobrevolar esas turbulencias).

___
___
___
___

CAPÍTULO 2
Empaquemos y hagamos las maletas

Una de las tareas que más estrés nos causa al momento de viajar es la de empacar. Qué maletas vamos a usar o si pagaremos por alguna de ellas, son algunas de las cosas que debemos tener en cuenta. Ahora hay que velar el peso de la maleta porque si te excedes en el peso, tienes que pagar más. Nos ha pasado como a muchas otras personas que al llegar al mostrador a registrar la maleta tenemos que sacar ropa de una para ponerla en otra porque nos excedimos en el peso (y lo que nos quieren cobrar extra es totalmente absurdo). Hay tantas restricciones ahora con esto del equipaje que el viajar se hace más estresante.

Lo mismo sucede con nuestros matrimonios. Cada cónyuge lleva a la relación su propio equipaje. Una maleta llena de experiencias, emociones, realidades, enseñanzas, costumbres (por no decir manías), talentos, dones y muchas otras cosas más. Quiero en este segundo capítulo, presentarle cuatro tipos de maletas que representan a cuatro tipos de personas. Luego examinaremos ¿quién empaca nuestras maletas? También hablaremos acerca de ¿cómo podemos tener la fe y el coraje para ver lo que hay en nuestra maleta?, y finalmente estaremos hablando de ¿cómo vaciamos nuestra maleta? Comencemos mirando cuatro tipos de maletas, que a su vez representan a cuatro tipos de personas con maletas.

Tipos de personas con maletas

La persona tipo bolso. Hoy en día hay unas carteras (bolsos) que se llevan en la cintura o cruzadas en el cuerpo. No son muy grandes, pero nos permiten llevar algunos artículos personales. La persona tipo bolso ha empacado en su maleta cosas que le crean molestia, pero que son manejables. Es un tipo de maleta movible. El problema está en que, en vez de dejarla a un lado, forma su vida alrededor de ella, la lleva a su trabajo, a las relaciones y aun a la iglesia. La persona dice: "Tengo un poco de problema con el coraje, pero puedo manejarlo. Tengo un luto no resuelto, pero puedo manejarlo. Tengo un abandono no resuelto, pero puedo manejarlo. Tengo problemas en el matrimonio, pero puedo manejarlos. No soy disfuncional, por eso puedo manejarlo. De vez en cuando abro mi bolso y esas cosas salen a la luz en mis conversaciones, pero es manejable, son solo una pequeña molestia".

El problema con este tipo de maleta y con las demás es que si no se vacía lo que hay adentro puede causar daños a la persona y al matrimonio. Lamentablemente, esta ha sido mi experiencia aconsejando parejas. Echamos en la maleta más de aquello que es perjudicial y que lastima, que lo que nos hace crecer y desarrollarnos. Es por eso por lo que debemos vaciar la maleta. Tengo que decirle que el Espíritu Santo nunca viene a nosotros y nos deja tal como estamos. El Espíritu Santo nunca nos dice: "Te voy a dejar eso ahí en tu mente y en tu corazón porque puedes manejarlo bien y aunque es molestia, no es a gran escala, así que se puede quedar ahí. No te preocupes". Recuerde esto, lo que es molestia hoy, si no se trabaja, puede ser una bomba mañana y destruirle a usted y a su matrimonio. Todas estas cosas deben ser trabajadas y permitirle al Espíritu obrar en su vida. Veamos al siguiente tipo de persona con maleta.

> **Lo que es molestia hoy, si no se trabaja, puede ser una bomba mañana y destruirle a usted y a su matrimonio.**

Persona tipo maleta de mano. Casi siempre es una maleta de tamaño pequeño que podemos poner en el compartimiento de arriba en los aviones. Por otro lado, casi siempre la llevamos cuando son viajes de corta duración y, por ende, no necesitamos echar mucha cantidad de ropa en ella. En la maleta de mano empacamos cosas para ocasiones o eventos especiales de la vida. Son momentos que ocurren y nos hacen sacar la maleta de mano. Nosotros no los provocamos, no teníamos la maleta, pero el evento nos hizo sacarla. Una cena de acción de gracias, una boda, navidades o el día del amor. Está en una boda, todos lloran y usted comienza a llorar, pero es porque recordó aquel día que le prometieron boda y le dejaron en el altar.

Esta maleta de mano sale en los momentos donde puede ser inconveniente o imprevisto. Son cosas en la vida que nunca se llevaron a un cierre. A mí me sucedió, hablaré de ello en el siguiente capítulo cuando describa la relación con mi padre. Veamos al tercer tipo de persona con maletas.

Persona tipo maleta registrada. Esta es la maleta grande. Aquella que tiene que ir por las correas en el mostrador del aeropuerto. Sí, esa que ahora cuesta mucho dinero llevarla. La persona tipo maleta registrada, es aquella que empaca en la maleta cosas para guardarlas y escapar de la realidad. Espera nunca traer lo que lleva en la maleta de vuelta, que casi siempre son problemas. Empaquetan sus sentimientos y emociones para irse y dejarlos por allá bien lejos de ellos. Gente que cambia de trabajo, de relaciones y, a veces, hasta de ciudad. Hacen lo imposible por salir de viaje con su maleta llena de sentimientos. Lo empacan todo pensando que la van a dejar en el lugar de destino, solo para darse cuenta de que al regresar vuelven con la misma maleta en la mano.

Conocí a un matrimonio en crisis, que decidió ir de viajes pensando que el viaje iba a arreglar la misma. En el aeropuerto ella le preguntó a su esposo si había recordado poner en la maleta un artículo. Él le dijo que lo había olvidado. En el aeropuerto explotó una tremenda discusión. Al final del viaje se dieron cuenta que el viaje había sido un asco (dicho por ellos) y que la crisis volvió con ellos al lugar de origen. Simplemente y por no abrir la maleta a tiempo y sacar todo lo que había allí, el viaje no resultó como ellos esperaban. La crisis seguía allí. Veamos la última persona con maletas, esta es una de las más difíciles.

Persona tipo baúl. Estas personas guardan sus asuntos en un baúl cerrado y asegurado. Lo meten en el ático, el garaje, el sótano o el cuarto de desahogo para que nadie lo vea. Solo ellos tienen acceso a esos asuntos. Eventos significativos en la vida que traen a la memoria una y otra vez esas cosas que encerramos y aseguramos y que queremos tener escondidas. Meticulosamente, están poniendo en el baúl memorias, dolores, experiencias, todo lo que les dio forma, pero de manera negativa. Mantienen el baúl cerrado y lleno de muchas cosas en un lugar secreto. Y solo de vez en cuando lo abren, especialmente cuando no hay nadie alrededor. Le doy varios ejemplos. El divorcio aquel, un amigo que ya no está o el engaño y la infidelidad del cual fue objeto. Es algo que marcó su vida de tal forma que le ha afectado y que es mejor guardarlo y cerrar el baúl. Ahí está la gente que no ha perdonado, el odio que nunca ha podido resolver y los sentimientos de culpa con los que no ha podido lidiar. Solo lo abre para darse cuenta de que están ahí y que le hieran nuevamente. Por eso lo vuelve a cerrar y lo esconde. Muchos de nosotros tenemos baúles cerrados, otros bolsos, otros bultos de mano, pero todos tenemos un tipo de equipaje que tenemos que soltar.

¿Quién empacó mi maleta?

Hay algo que tendríamos que preguntarnos. ¿Cuál es el exceso de equipaje que llevamos en nuestra maleta? Recuerde que si lleva exceso paga y el precio es bastante alto. Lo mismo que pasa en un aeropuerto pasa en nuestra vida y en nuestro matrimonio. Llevar sobrepeso en nuestra maleta nos hace pagar un precio bien alto. Es importante que entienda que es usted quien empaca su maleta. Nadie más empaca la maleta por usted. En otras palabras, no les eche la culpa a otros de lo que lleva en su maleta. Es usted quien permite que eso esté ahí adentro.

El exceso de equipaje puede ser identificado como esas áreas de nuestra vida que no se han resuelto, aquellas que nos empujan y nos llevan a escondernos y que son un gran obstáculo para nuestra vida y nuestro destino espiritual. Le ha pasado que usted hace una maleta y luego se pregunta ¿quién hizo esta maleta? o ¿por qué le puse tantas cosas? Luego en el aeropuerto se percata de personas que le pasan por el lado con un bulto pequeño, bien contentos y cargando su café, sin embargo, usted tiene una súper maleta. Sobrecargamos la maleta y la llenamos en exceso. Es posible que nos preguntemos ¿por qué no hice la maleta más pequeña como la de aquella persona? o ¿por qué la vida de otro y su maleta es más pequeña? Se resuelve bien fácil, deje de ponerle exceso de peso a su maleta. Quizás esa otra persona ha llenado su maleta del Espíritu, motivación, esperanza, perdón, preparación, principios, valores, pureza, limpieza y devoción. Puede ser que esa persona haya tenido problema, dolores, situaciones difíciles en la vida y heridas del pasado, pero no empacó eso en su maleta. Las maletas pueden ser llenas por tres factores: nosotros con nuestras malas decisiones y reacciones que tenemos en la vida, el enemigo de nuestras almas y las experiencias de la vida.

En la Biblia hay varios ejemplos de personas que muy bien pudieron haber puesto en sus maletas todo lo malo que les había ocurrido, pero decidieron hacer todo lo contrario.

Miremos el caso de José. Él pudo haber empacado en su maleta, amargura, rechazo, humillaciones, dolor y venganza. Pero no lo hizo así, y eso le trajo bendición. El experimentó muchas cosas malas sin haberlo merecido. Los sueños que tuvo no eran sus sueños eran los sueños de Dios. Sus hermanos estaban celosos porque no entendían el plan divino. El pozo en el que lo echaron era el pozo del odio. Metido en la cárcel por haberse mantenido fiel al Señor y en integridad. No obstante, su maleta vacía de todas esas cosas, lo llevó a la grandeza y le permitió perdonar genuinamente.

Miremos el caso de David. Pudo haber puesto en su maleta odio, coraje y rechazo. Saúl lo utilizó, lo maltrató, trató de matarlo y lo persiguió. Tuvo que salir huyendo al desierto y esconderse en cuevas, su vida estaba totalmente arruinada por culpa de Saúl. Él no quería levantar su mano contra el ungido de Jehová. Siendo señalado por Dios como rey, se encontraba huyendo por honrar a Saúl, pero él decidió vaciar sus maletas, estar quieto y conocer que Jehová era Dios.

Si observamos el caso de Ruth, esta mujer fiel pudo haber llenado su maleta de dolor, luto, un corazón roto y la desesperanza. Sin embargo, ella decidió mirar el futuro con esperanza y aferrarse a las promesas de Dios hechas a Su pueblo, aun cuando ella no era judía. Como ella vació su maleta, encontró gracia, esperanza y Dios la sorprendió, haciéndola parte del linaje del Mesías. No podemos olvidar a Job. Si hay alguien que pudo haber tenido una maleta llena de experiencias difíciles era él. El enemigo buscó todas las maneras posibles de hacer que la fe de este hombre decayera. Fue un ataque violento y directo a su alma y a su espíritu. Pérdida de familiares, pérdidas materiales y una esposa que le sugirió llenar la maleta de odio contra Dios: "Maldice a Dios y muérete". Yo siempre digo que ella no era una ayuda idónea, sino que era una "demonia".

Finalmente, podemos mirar al apóstol Pablo. Un hombre que en su carta a los corintios les recuerda las luchas que tuvo, y todo lo que pudo haber guardado en su maleta. Azotes, cárcel, desprecio, persecución, pedradas y latigazos. Un mensajero de Satanás que lo abofeteaba, pero él decidió vaciar su maleta y agarrarse de la gracia de Dios.

Luego de mirar estos ejemplos bíblicos me permito repetirle, todos necesitamos vaciar nuestras maletas. Si vacíe la maleta, su vida va a cambiar, ya que una herida no sanada rompe el corazón. Profundizando un poco más, los no creyentes tienen maletas, pero viven sin la esperanza de vaciarlas o soltarlas en algún momento. Los cristianos tenemos maletas, pero tenemos la esperanza de que en algún momento las podremos soltar para la gloria del Señor. Quizás en su maleta hay, falta de perdón, coraje, que de hecho en la Biblia se encuentra en la misma lista junto con los asesinos y los idolatras. Y es que el coraje mata igual que un asesino. Lo peor que tiene es que a quien primero mata es a uno mismo. Si usted no saca el coraje de su maleta, terminará matando las relaciones, la familia y a todos los que están cerca de usted.

> **Los cristianos tenemos maletas, pero tenemos la esperanza de que en algún momento las podremos soltar para la gloria del Señor.**

¿Ve que cada uno de nosotros o al menos uno de nosotros ha tenido que trabajar con alguna de estas situaciones? Hay muchas cosas más que podemos añadir en la maleta: abuso, maltrato, violaciones sexuales en la niñez o adolescencia o violencia doméstica, entre otros. En el capítulo anterior le contamos la historia de cómo nació nuestro matrimonio. Nosotros llegamos al matrimonio con unas maletas cargadas de: divorcios, abusos, maltrato y violaciones (en el caso de

Carmencita que fue molestada sexualmente por un familiar). Añada a la lista: odio, sed de venganza, y muchas otras cosas más.

Habrá quien diga: "Yo no sé cómo desempacar esto de mi maleta y re-empacar mi maleta con lo que Dios quiere". Para eso escribimos este capítulo del libro, para ayudarle, porque nuevamente, nosotros también tuvimos que trabajar con nuestras maletas. Solo con la ayuda del Señor pudimos vaciarlas. Cuando trae su maleta a Jesús, ya sea el bulto de mano, el baúl, la maleta registrada o el bolso, Él le hará libre. Le regalamos este verso Bíblico.

"El que no escatimó ni a su propio Hijo, sino que lo entregó por todos nosotros, ¿cómo no nos dará también con él todas las cosas? ¿Quién acusará a los escogidos de Dios? Dios es el que justifica. ¿Quién es el que condenará? Cristo es el que murió; más aún, el que también resucitó, el que además está a la diestra de Dios, el que también intercede por nosotros. ¿Quién nos separará del amor de Cristo? ¿Tribulación, o angustia, o persecución, o hambre, o desnudez, o peligro, o espada? Como está escrito: Por causa de ti somos muertos todo el tiempo; Somos contados como ovejas de matadero" Romanos 8:32-36.

Jesús no le condena, Él murió para redimirle y para quitar de usted la carga (la maleta) para que sea libre. Solo así tendrá verdadera libertad.

"Porque el Señor es el Espíritu; y donde está el Espíritu del Señor, allí hay libertad" 2 Corintios 3:17.

Mientras más tiempo invierta en la presencia del Señor, más se despojará de esas maletas. Pero si le cierra cada parte de su vida al Espíritu Santo, le estará cerrando la puerta a la libertad. Solo Jesús puede desenredarle de esa maleta.

"*Estad, pues, firmes en la libertad con que Cristo nos hizo libres, y no estéis otra vez sujetos al yugo de esclavitud*", Gálatas 5:1.

Deténgase y deje de seguir enredado en ese coraje sin control, en ese espíritu crítico, en esa falta de perdón, eso son ataduras. Deje que Dios le desenrede. No sea más esclavo de esa maleta. Suéltela y no la retenga más.

"*Les prometen libertad, y son ellos mismos esclavos de corrupción. Porque el que es vencido por alguno es hecho esclavo del que lo venció*" 2 Pedro 2:19.

Fe para poder vaciar la maleta

Lo primero que debemos tener es fe y coraje para enfrentar lo que tenemos dentro de la maleta. Hay un verso que nos presenta el problema de no vaciarla y de tener la maleta llena de cosas sucias.

"*¡Ay de vosotros, escribas y fariseos, hipócritas! Porque limpiáis por fuera el vaso y el plato, pero por dentro están llenos de robo y desenfreno. Fariseo ciego, limpia primero lo de dentro del vaso y del plato, para que también lo de fuera quede limpio*" Mateo 23:25-26.

Jesús llamó ciego a los fariseos porque sus maletas estaban llenas de robo y desenfreno. Cuando usted y yo decidimos que vamos a limpiar y vaciar nuestras maletas, tenemos que entender que una de las herramientas que debemos usar es la Palabra de Dios.

"*Porque la palabra de Dios es viva y poderosa, y más cortante que toda espada de dos filos, y penetra hasta partir el alma y el espíritu, las coyunturas y los tuétanos, y discierne los pensamientos y las intenciones del corazón. Y no hay criatura oculta a su vista, sino que todas las cosas están desnudas y abiertas a los ojos de aquel a quien debemos dar cuenta"* Hebreos 4:12-13.

Escudriñar la Palabra, estudiarla y vivirla, nos ayuda a vaciar la maleta, ya que es la Palabra la que es poderosa para examinarnos por dentro. Así que creo que el primer paso para vaciar la maleta debe ser mirarnos por dentro. Hacernos una radiografía del alma. Claro, esto no es fácil. Habrá quien diga: "No mire dentro de mi bolso. ¡No estoy seguro de que le guste lo que verá!" Haría falta que nos preguntemos ¿Está consciente de lo que sucede dentro de usted? ¿Se siente incómodo cuando una conversación gira en torno a un tema con el que tiene dificultades internas? ¿Pretende ser más espiritual de lo que realmente es? ¿Evita temas que le ponen en contacto con emociones desagradables?

> **El problema es que ignorar es posponer la realidad de abordar los problemas.**

La mayoría de nosotros sabemos cosas sobre nosotros mismos que nadie más sabe o siquiera adivinaría; pensamientos, fantasías, cosas que hacemos en privado, secretos. Sabemos que algo anda mal. Sentimos el equipaje de la culpa. Permítame seguir abundando sobre cómo puede enfrentar lo que hay dentro de su maleta registrada, baúl, bolso o equipaje de mano.

Hay quienes ignoran lo que está ahí adentro. Y por algún tiempo tienen éxito trabajando con el dolor interior y la corrupción. El problema es que ignorar es posponer la realidad de abordar los problemas. Nada cambia al ignorarlo. Por otro lado, están los que se sienten atrapados por la conciencia de que algo anda terriblemente mal en su interior. La cruda verdad es esta, es sumamente difícil arrastrar todo ese equipaje interno.

Le doy otro ejemplo bíblico. Adán y Eva sabían que algo andaba mal. Estaban desnudos, pero sentían vergüenza y culpa por estarlo. Usaron hojas de higuera tratando de encubrir lo que estaba mal. Ese es el camino del hombre. El problema es que, si lo piensa bien, las hojas siempre se secan. Al final iban a quedar descubiertos nuevamente. Se escondieron y tuvieron miedo de enfrentarse a Dios. Finalmente, están los que enfrentan con valentía todo lo que tienen guardado en sus maletas. Cuando así hacemos, podemos recibir la gracia, el amor, el perdón y la misericordia de Dios.

El mejor ejemplo Bíblico es la mujer samaritana. Me gusta que Jesús le habló a esta mujer sin rodeos. El maestro estaba buscando que ella abriera su maleta y enfrentara con valentía lo que había estado echando en ella por años. Él le pidió que fuera y buscara a su marido. ¡Vaya forma de querer abrir una maleta! Ella con toda honestidad y valentía abrió su maleta. "Señor, no tengo marido". Jesús se puso a escarbar en la maleta de esta mujer y le dijo: "Bien has dicho, porque cinco maridos has tenido y con el que estás ahora no es tu marido" (paráfrasis mía). Abrir la maleta sirvió para que aquella mujer encontrara libertad, perdón, y que el vacío que había en su corazón y la falta de amor que la había movido a buscar el amor en los brazos de muchos hombres, fuera llenado. Tenemos que abrir, examinar y con fe vaciar lo que llevamos en nuestra maleta.

Cuando nos proponemos vaciar nuestra maleta, trabajar y lidiar con las cosas que hemos colocado allí, estaremos listos para emprender el viaje hacia una travesía que no tiene fin. Así que es menester de ambos cónyuges emprender el viaje de forma ligera, sin exceso de peso, sino con unas maletas vacías y listas para ser llenadas de nuevas experiencias dirigidas por el Señor. Maletas que servirán de testimonio a otros de cómo Dios sana y restaura el pasado. Ya con maleta en mano, emprendamos esta travesía.

PREGUNTAS DEL CAPÍTULO 2

1.   ¿Qué tipo de persona con maleta es: bolso, maleta de mano, maleta registrada, o baúl?
_____
_____
_____
_____

2.   ¿Cuál es el sobrepeso que lleva en la maleta? Sea sincero y examínese. Mencione aquellas cosas que ha guardado por años y que sabe que necesitan ser trabajadas.
_____
_____
_____
_____

3.   ¿Conoce bien las maletas que carga su cónyuge? Escriba en el espacio provisto una oración por su cónyuge para que Dios le de la fe suficiente para vaciar su maleta.
_____
_____
_____
_____

4. Escriba el nombre de aquellas personas que echaron sobrepeso en su maleta. Si desea escriba que fue lo que le hicieron. Ore y perdónelos.
_____
_____
_____
_____

5. Luego de leer el capítulo, ¿Qué pasos prácticos van a dar para comenzar a vaciar su maleta?
_____
_____
_____
_____

CAPÍTULO 3
Esto es necesario para el viaje

Como ha leído, nuestra aventura no ha sido fácil. El comienzo fue como el despegue de un avión. Otra forma de ver esta travesía es como un barco en alta mar. Después que se ha dejado el muelle y ha comenzado el viaje, en ocasiones se levantan las olas y golpean fuerte contra la barca. Aparecen tormentas y necesitamos saber qué hacer en esos momentos. Esta es una clara alusión a los problemas de la vida también. Obviamente, esta imagen es muchas veces tomada de la experiencia narrada en Mateo.

"Y ya la barca estaba en medio del mar, azotada por las olas; porque el viento era contrario". Mateo 14:24

El momento cuando Jesús caminó por las aguas y calmó la tempestad en la que se encontraban los discípulos, fue en el que surgió esta metáfora marítima. Jesús es presentado como el capitán del barco. Recuerdo al cantautor y pastor puertorriqueño, René González, que en una de sus alabanzas decía: "En mi barca yo he viajado muchas veces, pero no me había enfrentado a lo que me enfrento hoy. La marea está alterada, no puedo continuar, necesito quien me ayude, no puedo más. Mi barca se está hundiendo y nada yo puedo hacer. Pues no tengo la experiencia que tendría un capitán. Que va reuniendo esfuerzos y su barca puede salvar, auxíliame capitán (haciendo alusión a Jesús) no me dejes naufragar. Ha pasado la tormenta, el peligro terminó. El viento se ha calmado, todo cambió. Hoy mi barca sigue el rumbo que un día atrás dejó. Porque vino mi Jesús y mi barca salvó". Basado en esta metáfora, vamos a compartir con usted algunas herramientas que nos han ayudado a sobrepasar las tormentas y las fuertes olas, de forma que podamos mantener nuestra barca a flote y algún día llegar al puerto seguro que el Señor nos tiene preparado.

Hay unas necesidades en el matrimonio que deben ser suplidas en todo momento. En el matrimonio cristiano, cada cónyuge tiene necesidades emocionales, espirituales, relacionales, económicas y físicas que deben ser atendidas para cultivar una relación saludable y satisfactoria. Son necesidades específicas que deben ser comprendidas y atendidas para lograr una relación matrimonial vigorosa y enriquecedora. A medida que ambos se esfuerzan por suplir las necesidades del otro, se fortalece la conexión matrimonial y se fomenta el crecimiento mutuo.

Cuando una persona va en un crucero, sabe que la comida no le va a faltar. Es una de las necesidades que se le suple al viajero mientras está en él. De la misma forma, nuestro matrimonio tiene hambre de muchas cosas, que veremos adelante, y es menester de cada parte suplir esas necesidades. Como dije al principio de nuestra historia, uno se casa teniendo expectativas muy altas. Cada uno se compromete a satisfacer ciertas necesidades íntimas e intensas del otro sobre la base de la exclusividad. Nos debemos uno al otro, los terceros no caben en esta ecuación. En la ceremonia y como parte de los votos, cada uno acuerda que debe "renunciar a todos los demás", dándole al cónyuge el derecho exclusivo de satisfacer estas necesidades íntimas. Eso no implica que todas las necesidades deban ser satisfechas por el cónyuge, pero sí hay algunas necesidades básicas que la mayoría de nosotros reserva para el lazo matrimonial. La mayoría de la gente espera que su cónyuge satisfaga estas necesidades especiales, y han acordado no permitir que otros las satisfagan.

Nos debemos uno al otro, los terceros no caben.

La mayoría de las ocasiones, el fracaso de hombres y mujeres al satisfacer las necesidades emocionales de su pareja ocurre simplemente por ignorar las necesidades del otro y no por egoísmo ni falta de voluntad. Simplemente damos por sentado y por hecho algunas cosas. Por otro lado, satisfacer las necesidades del cónyuge no significa que se tenga que apretar los dientes de forma dolorosa, haciendo algo que se odia. Si no se va a hacer de forma voluntaria y con amor, mejor no hacerlo. Lo que significa es que debe prepararse para satisfacer las necesidades que no aprecie usted mismo. Se trata de que aprenda a entender a su cónyuge como una persona literalmente distinta a usted. Le aseguramos que puede llegar a ser un experto en satisfacer todas las necesidades emocionales de su cónyuge.

Esta ha sido una herramienta que nos ha ayudado en medio de los cambios, las crisis, y las marejadas fuertes que hemos tenido que enfrentar. Fácil es tomar el barco de escape, y salir de la relación cuando las olas se imponen. Retirarnos emocional y físicamente de la relación no va a resolver nada y además no es justo. Hay un pacto que se hizo y hay que cumplirlo. A continuación, exploraremos las necesidades fundamentales del hombre y la mujer en el matrimonio cristiano, profundizando en aspectos emocionales, espirituales y de comunicación, con el fin de fomentar un mayor entendimiento y fortalecimiento de los lazos matrimoniales.

Necesidades emocionales

El hombre y la mujer, como seres emocionales, tienen necesidades afectivas que deben ser satisfechas en el matrimonio. Para el hombre, la necesidad de respeto y admiración es de vital importancia. El esposo anhela ser valorado por su liderazgo y capacidad de proveer para su familia. Una esposa que expresa su admiración y respeta las decisiones de su esposo nutre su autoestima y le brinda seguridad emocional.

Por otro lado, la mujer necesita ser amada, valorada y protegida. La esposa necesita sentirse especial y única para su esposo. El amor incondicional, expresado a través de gestos, palabras y actitudes, le brinda una sensación de seguridad emocional y fortaleza en su rol de esposa y madre. Además, la mujer busca una conexión emocional profunda y una comunicación abierta y sincera con su esposo. En los próximos párrafos podrás leer con más detalles sobre estas necesidades.

Necesidades espirituales

El aspecto espiritual también desempeña un papel crucial en el matrimonio cristiano. Tanto el hombre como la mujer tienen necesidades espirituales que deben ser atendidas y nutridas. Ambos deben buscar a Dios y cultivar su relación con Él individualmente, así como en pareja. La oración, la lectura de la Biblia y la participación en actividades espirituales fortalecen la relación de la pareja con Dios y entre sí.

Además, el hombre y la mujer necesitan apoyarse mutuamente en su crecimiento espiritual. La esposa puede alentar a su esposo a asumir un liderazgo espiritual en el hogar y orar por él. A su vez, el esposo puede apoyar a su esposa en su búsqueda de una relación más profunda con Dios y animarla a desarrollar sus dones y talentos espirituales. Al nutrir las necesidades espirituales del otro, la pareja crece en unidad y fortaleza en su caminar cristiano. Al final del capítulo hablamos del crecimiento espiritual conjunto de forma más específica.

Necesidades de comunicación

La comunicación efectiva es fundamental en el matrimonio cristiano. Tanto el hombre como la mujer, necesitan ser escuchados, comprendidos y respetados en sus puntos de vista. Es esencial establecer un espacio seguro y abierto donde ambos puedan expresar sus sentimientos, pensamientos y preocupaciones sin temor a ser juzgados.

La esposa anhela una comunicación verbal y emocional más profunda. Necesita compartir sus pensamientos y emociones con su esposo, así como recibir su apoyo y comprensión. Por otro lado, el esposo valora una comunicación clara y directa. Necesita que su esposa sea directa y específica en sus peticiones y expectativas, evitando la ambigüedad. La comunicación también implica la resolución de conflictos de manera saludable. Ambos deben aprender a escuchar activamente, buscar el perdón y la reconciliación, y comprometerse a trabajar juntos para resolver los desacuerdos. Una comunicación abierta y respetuosa ayuda a construir un matrimonio sólido y duradero, un matrimonio que no tiene fin.

> *Una comunicación abierta y respetuosa ayuda a construir un matrimonio sólido y duradero, un matrimonio que no tiene fin.*

En los párrafos anteriores pudimos ver a "grosso modo" las necesidades de carácter emocional, espiritual, relacional o de comunicación. A continuación, algunas formas de satisfacer estas necesidades. Comienzo por hablarle de una necesidad que la tenemos tanto los hombres como las mujeres y es la necesidad de honradez y sinceridad.

Honradez y sinceridad

Cuando esta necesidad no es suplida, se destruye la confianza y el sentido de seguridad. La comunicación abierta o franqueza y la honradez son esenciales. Ambos cónyuges deben sentirse seguros y cómodos para expresar sus pensamientos, sentimientos y deseos. Escucharse mutuamente con empatía y sin juicio. Esto crea un ambiente de apoyo y comprensión.

Cuando le contamos nuestra historia, le dijimos que nosotros tomamos un día, solos, sin distracciones, con los cinco sentidos puestos en la conversación y nos hablamos todo lo que era nuestra vida. Desde ese día todo lo hablamos de forma clara y sin rodeos. Claro está, con respeto y buscando siempre fortalecer la relación. Hay personas que piensan que es mejor ocultar alguna información a su cónyuge para "no incomodarlo" o "para que no se sienta mal". Eso es faltarle a la honradez, sinceridad y a la transparencia. Nuevamente, y permítame repetir, cuando una de las partes no mantiene comunicaciones honradas y sinceras con su cónyuge, eso mina la confianza y con el tiempo destruye la seguridad.

Imagine que están planificando unas vacaciones y la esposa dice: "¿A qué lugar te gustaría ir de vacaciones? ¿A acampar en las montañas o a un hotel frente a la playa?". El esposo sabe que ella preferiría ir al hotel con la playa de frente. Pero no dice nada, aun cuando detesta ir a la playa. Accede ir al hotel y allí está todo malhumorado y cuando la esposa le pregunta "¿Qué te pasa?", en una franca falta a la verdad, le contesta: "A mí no me pasa nada, mi amor". Eso es falta de honestidad. Tenemos que recordar que nuestro cónyuge es la persona que mejor nos conoce.

A continuación, le compartimos otro testimonio nuestro. En un momento dado, alguien levantó una insidia, una murmuración, una calumnia, diciendo que yo (Félix) tenía una relación extra-matrimonial. Esta era una aseveración que tenía la intención de dañar nuestra relación e integridad, en fin, destruirnos. Era algo totalmente

ESTO ES NECESARIO PARA EL VIAJE

infundado. En ese momento de insidia y murmuración hacia nuestro matrimonio. Recordamos que una noche Carmencita tuvo un sueño. En ese sueño tratábamos de que toda nuestra familia se subiera en un kayak. Había urgencia. Era un tramo no muy corto y las aguas estaban embravecidas. Luego entendimos que Dios nos estaba hablando de salida del lugar donde estábamos sirviendo al Señor.

El Kayak, siguiendo con las metáforas de los diferentes medios de transporte, no es uno de fácil manejo. Una persona que no tiene experiencia manejando este tipo de transporte puede terminar volcándose y en el peor de los casos, podría terminar arriesgando su vida. Este era un tiempo como el de Moisés con el faraón. Dios estaba de una forma librándonos para que su propósito se cumpliera en nosotros y a la vez, Dios estaba endureciendo el corazón de esas personas que se levantaron en contra de nuestro matrimonio.

Hay salidas de lugares, a los cuáles Dios nos envió porque teníamos que tomar un entrenamiento para luego continuar nuestro propio viaje. Son esos lugares donde: nuestra fe es probada con fuego, y nuestra perseverancia y resiliencia son sacudidas para ver de qué realmente estamos hechos. Es todo un entrenamiento para lo próximo que Dios va a hacer en nuestra vida. Ese momento es crucial para que los que van montados en el Kayak, ya que deben mantenerse comunicándose y apoyándose mutuamente.

El que va al frente, regularmente le va diciendo al de atrás a qué lado debe remar. Es por eso por lo que deben estar más unidos que nunca y, sobre todo, escuchar única y exclusivamente la voz de Dios. El enemigo va a tratar de susurrar a nuestros oídos muchas cosas: "no vas a llegar", "hasta aquí llego este viaje", "no tienes la fuerza ni la entereza para continuar", "ríndete", entre otras cosas. Ese es el momento de mayor unidad y de oración. Es ser uno.

Con el sueño que Carmencita tuvo, entendimos que la salida del lugar no iba a ser fácil. Sin embargo, como ya estábamos apercibidos, cuando fui acusado de infidelidad, lo que hicimos fue reírnos. Algo que dificultó este momento, fue que ocurrió delante de otros pastores, pero nosotros simplemente nos echamos a reír. Ok, déjeme describirlo bien, nos reímos a carcajadas. Ya estábamos lo suficientemente fuertes, porque el entrenamiento así mismo fue; bien fuerte. Duele, claro que duele. Porque es un ataque a nuestra reputación, a nuestro matrimonio y testimonio. Pero Dios es fiel. Él nos avisó, nos preparó. Era Él arrancándonos de allí, para que su propósito se cumpliera en nosotros. Íbamos a otro nivel, así que Él nos dio el discernimiento para saber por dónde iba a venir el ataque. Eso es parte de ese entrenamiento. Dios a través de Su Espíritu Santo va moldeando nuestro carácter y va depositando en nosotros esos dones necesarios para la tarea que Él nos tiene asignada.

La persona que lo dijo quizás esperaba que Carmencita me insultara o me diera una bofetada, estilo las novelas mexicanas. Pero, como hemos aprendido a decirnos todo, a conocer todo del uno y del otro, lo que provocó en nosotros fue que nos riéramos. Demás está decir que la persona se molestó. Claro, el plan que se tenía fue frustrado. Ahora, imagínese que yo no hubiera sido honesto y franco con Carmencita con respecto a toda mi vida y a todo lo que soy. Ese comentario hubiera levantado sospechas, que luego se convertirían en demandas, que luego destruirían y socavarían la confianza que nos hemos tenido. La seguridad de nuestro matrimonio hubiera estado en peligro. En esa tempestad, si no hubiéramos sido honestos y francos de antemano, se nos hubiera hundido el barco.

Por eso es importante hablar siempre la verdad, solo la verdad, y nada más que la verdad. Medias verdades son mentiras. La mentira no le agrada a Dios. Es tan así que la Biblia dice que los mentirosos no van a ir al cielo. Muchos les han puesto colores a las mentiras. Siguen siendo mentiras y siguen siendo dañinas. Procuremos entonces hablar siempre con honestidad. Atrévase a revelar sus sentimientos, sean positivos o sean negativos. Hablen de los hechos del pasado y de los sucesos diarios. Llámense durante el día y comenten cómo ha estado el mismo. Definitivamente, conversen de los que tengan para el futuro. Importante más aún, nunca, jamás deje a su cónyuge con una falsa impresión y cuando estén dialogando, conteste sus preguntas siempre con la verdad. La honestidad debe ser una de las cualidades y características más importantes que posee un matrimonio cristiano exitoso. Cuando se está en el matrimonio, los mensajes que se envían deben ser precisos y así deben ser las respuestas también. Otras necesidades que deben ser suplidas son: tiempo de esparcimiento y momentos para dialogar.

La honestidad debe ser una de las cualidades y características más importantes que posee un matrimonio cristiano exitoso.

Esparcimiento y diálogo

Todos hemos escuchado hablar acerca de la comunicación en el matrimonio y su importancia. Pero, lamentablemente, casi todos fallamos en dialogar con nuestro cónyuge. Sí, dialogamos, pero las conversaciones generalmente giran en torno a: facturas que hay que pagar, molestias en el trabajo, los niños o enseres que se dañan en la casa. Por otro lado, es importante también que proveamos los espacios necesarios para esparcimiento. Todo esto mantiene el fuego ardiendo en la relación. Se ha demostrado que, con el tiempo, esto también se va desapareciendo. No era así cuando eran novios. Algo misterioso sucede después de casados y con el pasar del tiempo.

¿Qué ocurre en una típica cita durante el noviazgo? La pareja sale a pasear, encuentra una actividad que a ambos le guste, y lo ven como una buena excusa para juntarse. No hay prisa, todo el tiempo es para él o para ella. Salen a cenar y literalmente hablan tanto que la comida se enfría. Están tan enfocados uno con el otro que el tiempo no importa. Conversan, conversan y conversan. Una vez llegan al matrimonio, eso se va perdiendo. Con el tiempo eso va menguando y se va diezmando. La cotidianidad, la rutina, las responsabilidades y los quehaceres hacen que el tiempo para conversar vaya decreciendo. A eso quiero añadirle que ahora tenemos una competencia casi invencible en Netflix, Disney +, Apple TV, ESPN, entre muchos. Los dispositivos móviles atraen más nuestra atención. Saque cuenta del tiempo que invierte frente al televisor o al teléfono o en cualquier otro dispositivo. Piense ahora, cómo estaría su matrimonio si hubiera invertido ese tiempo para conversar y tener un tiempo de esparcimiento con su cónyuge. Esto lo discutiremos más a fondo en el próximo capítulo, ya que la tecnología se ha vuelto un destructor del amor.

Si como cónyuge quiere satisfacer total e intencionalmente esta necesidad, tiene que darle a esta tarea suficiente tiempo y atención. ¿Qué le parece si comienza proponiéndose dedicarle al menos 10 horas a la semana a su cónyuge para conversar y disfrutar de un tiempo de esparcimiento de calidad? Por favor, no se vaya al cine. Suena como una buena opción, pero no lo es. Allí no van a poder hablar y no se puede tener un buen tiempo de esparcimiento, cada cual lo que quiere es ver la película.

ESTO ES NECESARIO PARA EL VIAJE

Queremos contarle algo que nos pasó justo antes de venir a vivir a Estados Unidos. Cuando fuimos a hacer el cambio, que de hecho no era fácil, un buen amigo pastor y misionero, nos recomendó que saliéramos a dar un paseo y que allí conversáramos de las preocupaciones, que tuviéramos con respecto al cambio y de los planes en esta nueva etapa de la vida. Era necesario hablar de lo que íbamos a hacer como ministros, de las niñas, en fin, de todo lo que viniera a nuestra mente. Él nos dijo: "Este cambio es grande y es mejor que hablen las cosas ahora, ya que una vez estén allá se hace más difícil. No van a tener mucho tiempo ya que van a estar ocupados en manejar otros asuntos. Hablen ahora antes de irse".

Esto no fue difícil hacerlo porque ya les comenté que acostumbramos a hablarlo todo con franqueza y honestidad. Pero hicimos caso del consejo y nos fuimos a caminar por una playa y allí dialogamos. Fue sumamente reconfortante para ambos. Lamentamos no tener playas como las de Puerto Rico aquí en Philadelphia, pero seguimos practicando el tener conversaciones íntimas y sacando tiempo para recrearnos. Les confieso que coordinarlo en la agenda se hace un poco difícil, pero lo estamos logrando. Hay que ser intencional en todo esto. Y recuerde que solo supliendo estas necesidades mantenemos nuestra barca a flote.

Es necesario el tiempo de calidad juntos. Como pareja es fundamental para suplir las necesidades de cada uno. Así que, programen citas regulares, salidas románticas o actividades compartidas que les permitan reconectarse y nutrir su relación. Esto también puede incluir estudiar la Biblia juntos, orar en pareja o simplemente, como hablamos anteriormente, disfrutar de una conversación significativa. Las siguientes necesidades son también de suma importancia. Se trata del buen manejo de las finanzas y la ayuda en el hogar. Veámoslas individualmente.

Manejo de las finanzas

Uno de los aspectos de la vida matrimonial que causa más estragos en la relación es el aspecto de las finanzas. No tener un buen manejo de las finanzas puede llevar a un matrimonio al estrés, discusiones y hasta el fracaso. Es por eso por lo que es necesario reconocer que hace falta hacer y tener un buen presupuesto. No solo hacerlo y tenerlo, sino también seguirlo de manera bien determinada. El presupuesto es un bien necesario. Nadie quiere gastar más de lo que gana.

Como matrimonio, Carmencita y yo, siempre hemos funcionado como si tuviéramos un solo bolsillo. Lo que yo gano y lo que ella gana, todo va a una cuenta y de allí se pagan todos los gastos del mes. Permítenos aclarar algo, porque no siempre fue fácil hacerlo. Ninguno de nosotros fue educado en cuanto a llevar las finanzas del hogar. Quizás tú te sientes identificado con nosotros. Ni en casa, ni en la escuela se sentaron con nosotros a enseñarnos a cuadrar una chequera o a preparar un presupuesto. De hecho, a veces dudo que en mi casa tuvieran un presupuesto. Nunca vi esos procesos, ni me fueron enseñados. Así que tuvimos que aprender de los errores cometidos. Gracias a Dios por los recursos que hay: libros, programas de tv (en aquel tiempo), Dvd's (en aquel tiempo), podcast, YouTube, talleres, conferencias, que nos ayudaron y enseñaron a realizar un presupuesto mensual y anual y de esa forma manejar bien el dinero.

Hay un recurso que recomiendo a las parejas cuando vienen a consejería porque tienen problemas financieros. Estos recursos los crea Dave Ramsey[1] y entre los muchos recursos que tienen, está la herramienta para hacer el presupuesto

---

1   https://www.ramseysolutions.com/

para el hogar. Lo tiene en su teléfono, como una aplicación y va viendo en tiempo real ¿en qué se gasta el dinero? y ¿qué le va sobrando para ahorrar? Este tema crea un poco de inquietud en las parejas. Pero es una necesidad. Además, trae paz saber que la situación económica en el hogar está bien. Fueron varias las ocasiones que nosotros pasamos por momentos de estrechez económica. El servicio eléctrico nos fue cortado. No tuvimos para pagar el carro. Nos quedamos sin trabajo y sin plan médico y hubo que pagar por facturas de servicios hospitalarios.

Todas esas experiencias las vivimos, no obstante, gracias a que hemos tenido un buen presupuesto y hemos aprendido a manejar el dinero de forma efectiva, hemos salido a flote. La barca no se nos ha hundido. Si lo que entra a la casa son $3,000.00, no podemos irnos sobre eso ni siquiera un centavo ($3,000.01). Todo lo contrario, necesitamos reducir los gastos para que podamos ahorrar para emergencias o cualquier otro proyecto en la casa que requiera un gasto adicional. Hay unos sacrificios que se tienen que hacer para que las arcas de la casa no estén en negativo. Cuando de dinero se trata, y más en el matrimonio, menos, es más. No necesitamos 3 aspiradoras en nuestra casa. No necesitamos 5 televisores. No necesitamos el último juego de ollas que salió en Amazon. Debemos preguntarnos: ¿las que tenemos, cocinan bien? ¿calientan bien la comida?, pues sigamos usándolas. El problema es que nos han enseñado a consumir, y no a contribuir. La Biblia dice: *"Más vale poco con tranquilidad que mucho con fatiga ¡corriendo tras el viento!",* Eclesiastés 4:6.

Es mejor tener menos de lo que no importa. ¿Por qué? Pues porque así podemos experimentar y apreciar más lo que tenemos. Quiero que, por un momento, trate de definir ¿qué es lo que importa? Con toda honestidad hágase esa pregunta:

"¿Qué es lo que realmente importa?" Si le cuesta pensar las tres cosas principales que realmente importan algo anda mal. Tuve la oportunidad de hablar con una persona, fue muy triste y, al mismo tiempo, fue extrañamente poderoso. Esta persona descubrió que le quedaban unos meses de vida. De repente, en su vida hubo una claridad real sobre lo que es importante y lo que no es importante.

Imagínese, si tuviera un tiempo de vida limitado, ¿cómo respondería a la pregunta que hice hace un momento? ¿Qué es, en realidad, verdaderamente importante? Recuerdo que una vez hice esta pregunta en las redes sociales también. Pregunté a las personas, ¿qué pensaban que era más importante? Probablemente, puedas adivinar lo que pusieron. Muchas personas ponen su relación con Dios, su vida espiritual, el matrimonio, la relación con los niños, los amigos o su salud. No obstante, déjeme decirle lo que nadie escribió allí. Esto es interesante para mí. Lo que nadie dijo fue: "cuánto dinero tengo en el banco", "las nuevas tenis Jordan", que en realidad son buenas, no, nadie dijo eso. Nadie dijo: "mi sofá de cuero", "los nuevos gabinetes de la casa que finalmente consiguieron", "mi patineta que he estado esperando por siempre y para siempre". Nadie dijo: "la cantidad de seguidores de Instagram o Facebook que tenían".

Aquí está el punto, cuando define lo que importa, lo que a menudo reconocerá es que pasamos gran parte de nuestras vidas persiguiendo cosas que realmente ni siquiera están en esa lista. Tendemos a pensar que lo que no tengo es lo que necesito, porque pensamos que más es mejor. Créame, nosotros hemos aprendido a vivir creyendo que menos, es más. Ahora bien, qué cosas tenemos que hacer para poder vivir así. Lo primero es recortar. Nosotros tuvimos que aprender esto cuando vinimos a vivir a Estados Unidos. Algunas casas en donde vivimos se construyeron entre 1910-1940. Eran casas donde íbamos a estar bien: dos habitaciones, sala, comedor, cocina y un baño. Lo que es realmente interesante es que estas casas tenían armarios (closets) extremadamente pequeños, cuando digo pequeños estoy hablando de un lugar donde, si yo pongo 5 gabanes, ya no cabe nada más. Evidentemente, en esas fechas, si eras hombre, probablemente tenías una muda de ropa para ir a la iglesia y otra para ir al trabajo. Tenías una, o tal vez, dos camisas bonitas. Tenías algunos jeans y un par de camisas para el diario, es posible que, un par de zapatos formales y un par de zapatos informales, y eso era todo. Con las mujeres pasaba lo mismo. Un traje o dos para ir a la iglesia, y al menos 2 piezas de ropa para el diario. Ahí la razón de que los armarios (closets) fueran tan pequeños.

Avance rápido hasta hoy y ¿qué vemos? No un pequeño "closet". Primero que todo hay uno en cada cuarto. Algunas casas tienen "closets" vestidores (walk-in closet) y otras tienen armarios de dos niveles. La ropa del esposo está en un nivel y luego tienes otro nivel para la ropa de la esposa. Y cada domingo, antes de ir a la iglesia, recorren todo el "closet", de un lado a otro. Varias veces, mirando todo lo que está allí puesto y luego dicen: "No tengo nada que ponerme". Vamos un poco más allá, aquí en Estados Unidos y en Puerto Rico algunas casas tienen garajes para estacionar sus carros, pero ese no es realmente el fin. El garaje se usa para guardar cientos de otras cosas menos el carro. De hecho, el carro no cabe allí por todas las otras cosas que almacenamos en el garaje. Conozco personas que tienen tantas cosas en sus armarios múltiples, su armario de dos pisos y en su garaje que tienen que poner cosas en su ático.

Hay algunos, a lo mejor usted es uno de ellos, y esto es difícil de creer para algunas personas en el mundo, que tienen tantas cosas en su armario, en su garaje y en su ático que ¿qué hacen?, alquilan un lugar de almacenamiento para sus cosas. Le pagan a otra persona en otro lugar para que ponga sus cosas que no usan, no las ve, y probablemente olvidan que están ahí. Están pagando por guardar sus cosas. Esta es la razón por la que tenemos que recordar que menos, es más. En casa tenemos una norma. Si algo no se usó por los últimos 6 meses, no se va a usar los próximos 6 meses, o lo regalamos o a la basura. Mejor es un puñado con tranquilidad que un puñado de cosas, y trabajo duro. Lo que quiero en mi vida, sinceramente, es menos cosas y más amigos, ¿verdad? Quiero menos cosas y más tiempo con mi familia. Quiero menos cosas y más experiencias. Para lograr esto, lo que quiero hacer es reducir el consumo, porque en el fondo sé que a menudo menos es mucho más.

Una de las experiencias que más me ha enseñado que menos, es más, es la experiencia misionera. En varias ocasiones he tenido la oportunidad de ir al campo misionero. El primer día que llegué allí, ¿sabe lo que va a pasar? Su corazón se va a romper. Va a pensar, "Oh, Dios mío, no tienen agua potable. Tienen pisos de tierra. No hay electricidad". Dirá: "¿Cómo vive esta gente? Esta pobreza me rompe el corazón. Es lo peor que he vivido". Entonces, qué va a pasar, dentro de dos días se normaliza y no le sorprende tanto. Empieza a ver a los niños jugando sin zapatos y divirtiéndose al aire libre, no adentro todo el día jugando en un iPad, pero están al aire libre y se están riendo.

Luego va a un servicio de adoración y ve a algunos seguidores de Jesús que no tienen nada y adoran al Señor como si lo tuvieran todo. Tienen este profundo sentido de pasión por Jesús. No hay comparaciones, anhelo y lujuria por más. No hay dos manos en el trabajo. Simplemente piensan: "Tenemos lo que necesitamos para pasar el día. Dame hoy mi pan de cada día y Dios ha satisfecho mis necesidades hoy; por lo tanto, adoro a mi Dios". En el día cuatro o cinco, esto es lo que sucede. Siempre me pasa. Empiezo a mirar a las personas que no tienen nada y, sin embargo, parecen muy satisfechas y estoy extrañamente celoso. Pienso: "Ojalá tuviera sencillez. Ojalá tuviera esa pasión. Ojalá tuviera tiempo con mis hijas así". Luego me prometo que cuando regrese las cosas serán diferentes y vuelvo y durante al menos dos días las cosas son diferentes. Lamentablemente, volvía a ser absorbido por el materialismo, la búsqueda incesante de más. Lo que no tengo es lo que necesito y estoy insatisfecho. Mi vida estaba abrumada con cosas porque olvidaba el principio de que menos, es más. Por eso, le pido que nunca olvide esto. Recuerde que, somos un soplo que aparece por un ratito. Usted es una niebla que se desvanece. Parpadea y sus hijos van a crecer. Parpadea de nuevo y va a decir: "¿A dónde se fue mi vida?" La vida pasa.

Por favor, comprenda que su vida es demasiado valiosa, su llamado demasiado grande y su Dios demasiado bueno para desperdiciar su vida en cosas sin sentido. Déjeme decirlo otra vez, cuando comprende que sirve a un Dios bueno que le ha dado aliento, dones y un propósito, que no fue puesto en esta Tierra, durante este tiempo, para acumular cosas por usted mismo. Si no que lo pusieron aquí para dar y para marcar una diferencia en la vida de otras personas. Cuando reconoce que su llamado es demasiado grande, que su Dios es demasiado bueno y que la vida es muy, muy corta, entonces se negará a desperdiciar su vida en cosas que no importan. ¿Por qué? Porque menos, es más y mejor es un

> *Cuando reconoce que su llamado es demasiado grande, que su Dios es demasiado bueno y que la vida es muy, muy corta, entonces se negará a desperdiciar su vida en cosas que no importan.*

puñado con tranquilidad que dos puñados con trabajo y correr tras el viento (Eclesiastés 4:6).

Cuando no hacemos estas cosas viene el estrés, la ansiedad y las preocupaciones. No he escuchado a nadie decir: "Debo 3 meses de la casa, y me siento tan bien, tengo un gozo increíble", "Desde que me endeudé, mi matrimonio ha sido mucho mejor", "La tasa enormemente alta de mi tarjeta de crédito mejoró mi vida matrimonial", "Todas las noches, cuando me acuesto, le agradezco a Dios por mi deuda, lo alabo", "Hace años, no tenía ninguna, pero ahora le agradezco que tengo pagos dondequiera que vaya". En serio nunca he escuchado a alguien decir estas cosas. Lo que sí he escuchado en innumerables ocasiones, y hasta nosotros en un momento lo dijimos es: "Ojalá pudiéramos dar más para ayudar a las personas que lo necesitan. Simplemente, no podemos hacer eso en este momento", "Ojalá, uno de nosotros pudiera quedarse en casa con los niños, pero eso ni siquiera está cerca de ser una opción", "Ojalá no tuviéramos este estrés, estamos peleando todo el tiempo", "Ojalá pudiéramos viajar", pero eso ni siquiera es algo que podamos considerar, ¿por qué? Porque tenemos estrés financiero y el estrés financiero es malo. Así que trabajemos con un buen presupuesto y mantengámonos firmes en cumplir con saldar las deudas, evitar gastar más y recordar que menos, es más.

A todo esto, quiero añadir el tema de nuestra responsabilidad como matrimonio, hacia la iglesia y hacia Dios. Como matrimonio, nosotros siempre hemos llevado nuestros diezmos y nuestras ofrendas al Señor. Es un mandato bíblico. Hay quienes dicen que no lo es y la razón primordial que ofrecen es que eso es del Antiguo Testamento. Si voy a invalidar el diezmo porque es del Antiguo Testamento, tengo que invalidar entonces todos los otros mandamientos que Dios dio en el Antiguo Testamento. No puedo invalidar unas cosas y las otras no. Además, Jesús si validó el diezmo en Mateo 23:23. Otros dicen que el diezmo es de la ley. Si era un asunto de la ley, ¿por qué Abraham, quien vivió mucho antes de la ley, le dio diezmos a Melquisedec? En realidad, aquí el punto es que tenemos una responsabilidad con la iglesia, ya sea que creas en el diezmo o no. Si no crees en el diezmo y solo vas a dar conforme a lo que dice el Nuevo Testamento tendrías que, entonces, vender tus bienes y propiedades y darle el dinero a la iglesia. A fin de cuentas, ese dinero que tienes te lo dio el Señor. Cuando damos demostramos cuan agradecidos estamos de Él. Esto es un asunto del corazón más que de la billetera. Solo puedo testificarte que las veces que como matrimonio hemos dado al Señor, hemos visto Su mano proveyendo para todo en nuestra casa.

Jesús fue quien dijo que, si eres fiel en lo poco, te confiarán lo mucho. Que vivir con integridad, en lo que Dios nos confía, es en realidad una forma en que podemos adorar, servir, honrar y agradar a Dios. Si usted es un seguidor de Jesús, recuerde que es importante para Dios lo que hacemos con lo que Él nos confía. Créame realmente le importa a Dios. Ponga su fe en ese poco y Dios le confiará mucho más. Pero necesitamos autocontrol. Vamos a aprender a decir no por un tiempo. ¿Por qué? Para que podamos decir que sí por el resto de nuestras vidas. Lo diré de nuevo. Algunos de nosotros necesitamos escucharlo dos veces. Vamos a aprender la disciplina y vamos a decir que no por un tiempo, para que podamos decir que sí por el resto de nuestras vidas. No sé cómo resultará esto para usted, pero lo hará en alguna parte. Es posible que le guste arreglarse las uñas todas las semanas o lo que sea, así que vamos a decir que no a arreglarnos las uñas. Sé que me estoy entrometiendo en todo este tipo de cosas, pero muchas señoras, se hacen las uñas para impresionar a otras. A nosotros los hombres, no a todos, no nos importa. Perdonen si hiero algunas sensibilidades. Nunca escuché a un amigo decir: "Felix ¿viste el juego de uñas que se hizo mi esposa? ¡Wow! ¿Crees que son reales o falsas?" Nunca escuché eso.

Podemos decir no por un tiempo para poder decir sí por el resto de nuestras vidas. Puede ser que le guste jugar al golf dos veces por semana en el agradable club de campo. ¿Qué hacemos? Podemos decir que no por un tiempo y jugar una vez al mes en el lugar menos costoso para poder jugar más tarde en cualquier lugar que queramos jugar. Podemos decir no al café de $14 de Starbucks por un tiempo, decir sí al café que se hace en la casa por un tiempo, y luego, un día, puedes tomar cualquier tipo de café que desees. ¿Tu hijo de 12 años exige un iPhone 14? Sé que donde muchos de ustedes viven se considera abuso infantil no darle un iPhone 14 a su hijo de 12 años, pero podemos decir que no por un tiempo para poder decir que sí por el resto de nuestras vidas. Es posible que desee un automóvil nuevo con olor a nuevo. Podemos decir que no por un tiempo y conducir al carro "viejito", para que podamos decir que sí por el resto de nuestras vidas.

Solo le estoy pidiendo que tenga la disciplina de decir no, y si no puede pues pídale al Señor: "Dios, dame dominio propio". Otra cosa que debe pedirle al Señor es: "Señor, dame un plan". Proverbios dice: *"Los planes bien pensados y el arduo trabajo llevan a la prosperidad, pero los atajos tomados a la carrera conducen a la pobreza" Proverbios 21:5*. Los planes de los fieles, de los diligentes, los llevan al provecho. Lo hacen mejor y salen adelante, tan seguro como la prisa lleva a la pobreza. Alguien me preguntó: "Bueno, ¿qué significa prisa?" La palabra hebrea traducida como "prisa" se lo explico con un simple ejemplo: "Me sentí triste y fui de compras". Es no tener un plan y eso le llevará a la pobreza. Así que planifique. Trate de que en sus planes siempre haya espacio para la generosidad. La Biblia dice: *"Efectivamente, serán enriquecidos en todo sentido para que siempre puedan ser generosos; y cuando llevemos sus ofrendas a los que las necesitan, ellos darán gracias a Dios"* 2 Corintios 9:11.

Si atiende y efectúa las sugerencias que le acabo de dar, definitivamente Dios le va a bendecir. El texto bíblico anterior dice que Dios le bendice, pero es para que usted bendiga y sea generoso con otros. Recuerdo en unas navidades que literalmente vaciamos las cuentas de la iglesia y nos fuimos a una tienda por departamento a ayudar a las personas con los gastos navideños. Nunca voy a olvidar a un caballero de edad avanzada. Lo vimos en la caja registradora buscándose en los bolsillos. Aparentaba no tener el dinero suficiente para comprar los artículos que tenía en la correa de la caja registradora. Nos acercamos a la cajera y le dijimos: "Saludos, nosotros queremos pagarle los artículos a este caballero". La cajera no podía salir de su asombro y el caballero comenzó a llorar. Era la primera vez que iba a tener a sus nietos en su casa para navidad, pero no tenía el dinero suficiente para comprar todos los regalos. Le dimos un abrazo y se fue de la tienda llorando de alegría. Se cumplió lo que dice el texto bíblico: "Ellos darán gracias a Dios". Llegamos al final de esta parte de las finanzas. Miremos ahora otra de las necesidades importantes que debemos suplir, especialmente en el hogar.

Cooperación en el hogar

Otra necesidad importante es la ayuda en el hogar. Como matrimonio necesitamos ayudarnos mutuamente, siempre reconociendo los roles establecidos por la Palabra.

En el matrimonio hace falta compartir las responsabilidades de manera equitativa, esto ayuda a suplir las necesidades prácticas en el matrimonio. Trabajen juntos como equipo, apoyándose mutuamente en las tareas del hogar, la crianza de los hijos y la toma de decisiones financieras. Esto aliviará la carga individual y fomentará un sentido de colaboración y apoyo mutuo. El hombre como sacerdote del hogar y la mujer como su ayuda idónea.

Nuevamente, esta ayuda consiste mayormente en la educación de los hijos y los quehaceres del hogar. Para esto es necesario que se tome tiempo y que este sea de calidad. Es importante que volvamos a la mesa y que allí, mientras cenamos, se tome tiempo para dialogar sobre inquietudes, planes, elogios y se den palabras de afirmación. Por otra parte, todos debemos asistir a los servicios semanales de la iglesia a la que pertenecemos. Allí somos reconfortados, bendecidos, animados y alentados a servir al Señor. De igual forma, debemos convocar reuniones familiares para corregir, orar, unir, levantar los brazos de los miembros de la familia que están deprimidos, desanimados o ansiosos.

Algo que atesoro mucho y que aprendí de pequeño es el momento del altar familiar. Cuando iba a la casa de mis abuelos los fines de semana o durante la semana, de hecho, disfrutaba mucho de ir a su hogar, siempre teníamos un tiempo antes de dormir para intimar con Dios. Mi abuela cantaba un himno del himnario y nos hacía repetirlo hasta que lo memorizábamos. Luego leía un Salmo y se repetía varias veces para que lo memorizáramos. Luego de eso orábamos juntos, tomados de la mano. Esa imagen se ha quedado grabada en mi mente, profundamente. En casa desde siempre hemos tomado y valorado ese momento. Cada noche, estemos donde estemos, nos reunimos, oramos juntos y luego vamos a descansar.

Por otro lado, la ayuda en el hogar involucra los quehaceres de este. Cuando yo era un niño era muy raro ver a un hombre cocinar, lavar el baño, echar a lavar la ropa y mucho menos mapear o barrer. Esas eran tareas de las mujeres. Con los años eso ha cambiado y que bueno. La verdad es que el peso de la casa no puede recaer sobre una de las partes solamente. En casa creemos en una división justa de las tareas del hogar. Más, cuando en el matrimonio ambos trabajan fuera.

No hacer una buena división de las tareas puede provocar conflictos maritales. Los cambios culturales que les indiqué hace un momento, han contribuido para que esto sea una realidad. Las responsabilidades domésticas son una bomba de tiempo en muchos hogares. Al principio lavan los platos juntos y se abrazan mientras lo hacen. Hacen la cama juntos. Él va a botar la basura sin que se lo diga la esposa. Pero la bomba explota cuando llegan los hijos o hay un cambio de horarios en el trabajo. Ahora la división de tareas es obsoleta. Como matrimonio hay que establecer con claridad a quien le va a tocar cada tarea. Esto requiere organización y sincronización.

> *Es menester que haya sincronía, comunicación y que se explique a cada uno de los que van en el kayak, cómo remar para llevarlo en una dirección correcta.*

Continuando con las imágenes marítimas, es como cuando uno va en un viaje en kayak. En este tiene que haber sincronía. Si uno rema para un lado y el otro rema para el otro, el kayak va en una dirección incierta y errada. Incluso hay momentos en los que se siente como si estuviera estancado y no avanza. Por otro lado, si solo uno está remando, esto va a provocar que el otro se canse, ya que toda la carga esta sobre esa única persona. Es menester que haya sincronía, comunicación y que se explique a cada uno de los que van en el kayak, cómo remar para llevarlo en una dirección correcta. Lo mismo pasa en la relación matrimonial. Cuando las tareas no están debidamente distribuidas, es como si solo una de las partes estuviera remando. Ahora bien, ¿cómo establecemos con claridad a quién le va a tocar hacer qué en la casa?

Primero, hay que identificar en una lista, cuáles son las tareas y responsabilidades del hogar. Esta lista debe incluir la tarea misma, cuándo y cómo se debe realizar y, si luego de hecha la tarea surgiera otra, se debe incluir en la lista con los mismos renglones. Les doy un ejemplo clásico.

- Tarea: botar la basura.
- Cómo y cuándo: se sacará la basura una vez la misma haya alcanzado el borde del zafacón. De esta forma se evita que se siga poniendo basura sobre basura y que la misma se desparrame por el suelo. Luego de sacar la bolsa del zafacón para ser llevada afuera de la casa con la basura, se colocará una bolsa nueva y se pondrá de la forma correcta. El día X de la semana se sacarán los drones de la parte de afuera para que sea recogido por la ciudad.

Segundo, asuma la responsabilidad y haga la tarea con gozo y agrado. Claro está, para poder hacerlo con agrado hay que llegar a un consenso. En nuestro caso, a mí no me agrada fregar ollas, prefiero lavar el baño. A Carmencita no le gusta fregar. Hemos tratado de llegar a un punto céntrico y que todo se pueda hacer con agrado. Si sufre por hacer algo en el hogar con esfuerzo, o solo lo hace para "no oírle la cantaleta al otro" no está fomentando el hábito de satisfacer una necesidad en el hogar y puede convertirte en el "iceberg" con el que choque la barca y termine hundiéndose. Este enfoque en la ayuda en el hogar y la división justa de tareas garantiza el afecto y el cuidado mutuo. Además, orienta su vida en una dirección que les traerá felicidad a ambos y plenitud. Se puede sentir el amor mutuo.

Con el agite diario y las responsabilidades profesionales que cada uno tiene, a veces damos por sentadas las cosas. Pensamos que estamos supliendo las necesidades el uno al otro y que todo está bien. No siempre es así. Hay momentos donde tenemos que echar al mar las anclas y detenernos por un momento para luego volver a izar las velas y continuar la travesía. En ese detenernos es importante identificar, corregir, moldear y cambiar lo que no está bien en el matrimonio y las necesidades que no están siendo suplidas. No hacerlo es ir a la deriva y nunca encontraremos el puerto seguro donde llevar nuestra barca.

Amor y afecto

Expresar amor y afecto es vital para suplir las necesidades emocionales y espirituales de la pareja. Los gestos pequeños, pero significativos, como palabras de aliento, abrazos, besos y elogios, pueden fortalecer la conexión y el vínculo emocional entre los cónyuges. Cuando expresamos palabras de elogio y de ánimo, impulsamos a nuestro cónyuge a lo que el Señor desea hacer en su vida. Habrá quien piense que esto no es importante, pero quien más que usted, que puede ver los talentos, las habilidades y los dones que su pareja tiene para animarle. ¿Sabe que muchas veces el enemigo envía dardos a la mente de su cónyuge para estancarlo, dañarlo y para destruir el plan que el Señor tiene con él? Piense en esto. Al final, lo que logre uno o el otro, es un logro común, no de uno solo.

Siempre que vemos a un hombre que Dios usa poderosamente, nos intriga saber quién es la esposa porque los logros son de ambos. Creo que es por eso por lo que el enemigo ataca tanto a los matrimonios, porque cuando un matrimonio está unido logran tantas cosas porque se complementan. Yo Carmencita, como esposa la mayoría de las cosas que he logrado son porque mi esposo me ha impulsado, él ha abierto camino con sus acciones y palabras. Un hombre cuando se levanta como intercesor es maravilloso, de hecho, ese es el orden bíblico. Yo como esposa siempre lo cubro en oración porque sé que la asignación de él es grande, pero Dios hizo el matrimonio para ser uno.

El problema es que muchas parejas confunden lo que son palabras de elogio, de aliento y un abrazo. O peor aún, solo lo orientan hacia la sexualidad. Le doy besos y abrazos a mi cónyuge o le expreso palabras de elogio y aliento, pero es solo buscando allanar el camino para llegar a la relación sexual. No es de eso que estamos hablando y no siempre tiene que ser ese el fin último. Se puede demostrar el amor y el afecto solo porque sí. Sin embargo, damos por sentado que: "Ella sabe que la amo", "él sabe que yo lo valoro" y poco a poco se van muriendo estas expresiones que son muy necesarias para mantener la llama del amor siempre encendida.

El amor y las palabras de afecto son ese carbón que va a mantener la llama ardiendo para que nuestros matrimonios continúen navegando, aun en aguas turbulentas.

Mi consejo, si es que ya se murió el afecto entre ustedes es que coloque una alarma en su teléfono para cada hora. Cuando suene la alarma llame o envíe un texto (la llamada es más efectiva, pues se escucha el tono en el que se dicen las cosas, el mensaje de texto no tiene esa cualidad) a su cónyuge para expresarle su amor. Por favor, sea espontaneo y sea original. Continúe haciendo esto hasta que se vuelva una costumbre. Los barcos de antaño era movidos y, me parece que todavía existen barcos así, por máquinas de vapor. Algunas de estas máquinas necesitaban que se les echara carbón continuamente para mantener el fuego prendido y así crear el vapor que impulsaba el movimiento. El amor y las palabras de afecto son ese carbón que va a mantener la llama ardiendo para que nuestros matrimonios continúen navegando, aun en aguas turbulentas.

Soporte emocional y consideración mutua

Brindarse apoyo emocional mutuo es esencial para suplir las necesidades emocionales en el matrimonio. Estén dispuestos a escuchar, consolar y animar a su cónyuge en momentos de dificultad o alegría. Mantengan una actitud compasiva y muestren interés genuino en los sentimientos y experiencias del otro. Por lo general, en momentos de crisis y situaciones de dificultad se elevan las tensiones provocando que una de las partes se retire emocionalmente. Nos dejamos de hablar o peor aún, si nos hablamos es gritando. Nuestras expresiones son viscerales y no reflexivas. No le permitimos a los pensamientos dar unas cuantas vueltas por nuestro cerebro y sin pensarlo decimos palabras que hieren. Alguien dijo que: "Las palabras se las lleva el viento". Créame no es que el viento se las lleva por ahí hasta el infinito, las palabras se las lleva el viento, pero directamente al oído de la persona a quien se las dijimos y de sus oídos bajan directo al corazón provocando heridas que muchas veces toman tiempo para ser sanadas.

Es por eso por lo que nosotros como pareja hace tiempo tomamos la decisión de utilizar una tarjeta al momento de discutir o dirimir nuestras diferencias. Esta tarjeta fue diseñada por uno de mis profesores del seminario, el Dr. James C. Petersen. En su libro Why Don't We Listen Better?

Communicating and Connecting in Relationrships[2], el expone la teoría de cerebro plano. Esta teoría es poderosamente intuitiva, pero irónica. Muestra cómo y por qué, nos enojamos y confundimos, y qué hacer al respecto. Podemos pensar que somos buenos para escuchar, pero muchos de nosotros no lo somos. Cuando otros hablan, nos enfocamos en lo que pensamos, en lugar de lo que intentan decir. Mientras nos hablan, estamos pensando en que vamos a responder y no nos damos a la tarea de primero escuchar y analizar lo que se nos está diciendo.

Pocos de nosotros sabemos cómo usar el poder de escuchar para mejorar la vida de nosotros mismos o de quienes nos rodean. El Dr. Petersen dice que la buena comunicación utiliza las mismas habilidades en una oficina profesional, en una cita, en una sala de juntas corporativa o en la mesa de la cocina. Habla de la necesidad de abandonar la mentalidad de ganar o perder de la cultura de sala de audiencias que tan a menudo nos pone en desacuerdo unos con otros. El libro muestra cómo mejorar las habilidades de hablar y escuchar usando la tarjeta Exponente - Receptor.

El exponente va a hablar sin emitir juicios y sin acusar ("es que tú siempre", "tú nunca haces tal o cual cosa", "esto no está bien"), sin atacar y sin poner etiquetas ("es que tú eres bruto", "tu no sirves", "me tienes harto"), sin herir, buscando siempre expresar sus sentimientos de forma cándida y buscando la resolución del conflicto. El exponente es quien tiene el problema y muchas veces es quien más enojado está. Eso se entiende, pero no es razón para que se emitan juicios, ataques, y heridas al expresarse. Esa no es la meta al hablar. La meta del exponente es expresar sus sentimientos y pensamientos.

---

2   Petersen, James C. Why Don't We Listen Better, Communicating and Connecting in Relationships. Petersen Publication, Tigard, OR. 2007

El receptor, antes que todo, va a estar en calma ya que no es el quien posee el problema. Va a escuchar sin hacer gestos con su cara. Es decir, no va a virar la boca de lado a lado, no va a "rolear" los ojos, no va a mirar de forma amenazante. Tampoco va a estar o no de acuerdo. No va a defenderse ni a comenzar a dar consejos. La meta del receptor es proveer seguridad, entender y clarificar cualquiera sea la situación. De esta forma, nos estamos respetando, y valorando al otro como individuo único y amado por Dios. Mi consejo para esta necesidad de soporte emocional y consideración mutua es que traten a su cónyuge con cortesía, consideración y respeto en todas las áreas de su vida juntos. Reconozcan sus fortalezas, habilidades y contribuciones y anímense mutuamente a crecer y alcanzar su máximo potencial.

Crecimiento espiritual en conjunto

Como matrimonio cristiano, es importante suplir las necesidades espirituales de ambos cónyuges. Busquen oportunidades para crecer juntos en la fe como: asistir a los servicios de su iglesia, tomen talleres, conferencias, vayan a retiros, estudien la Biblia, sirvan juntos en la iglesia, participen juntos de planes bíblicos de forma virtual. Apoyarse mutuamente en su crecimiento espiritual fortalecerá su relación con Dios y entre ustedes. Sigamos las instrucciones bíblicas para el matrimonio. La Biblia proporciona una guía y principios para el mismo. A continuación, algunas instrucciones bíblicas relevantes.

"Por tanto, dejará el hombre a su padre y a su madre, y se unirá a su mujer, y serán una sola carne" Génesis 2:24. Esta instrucción habla de la importancia de la unidad y la entrega total entre el esposo y la esposa. Habla de límites. En un matrimonio son dos que son uno. Los terceros están demás.

"*Las casadas estén sujetas a sus propios maridos, como al Señor; porque el marido es cabeza de la mujer, así como Cristo es cabeza de la iglesia, la cual es su cuerpo, y él es su Salvador*" Efesios 5:22-23. En este pasaje, se dan instrucciones específicas tanto para el esposo como para la esposa. Se insta a las esposas a someterse a sus esposos como al Señor y a los esposos a amar a sus esposas como Cristo amó a la iglesia, entregándose a sí mismo por ella.

"*El marido cumpla con la mujer el deber conyugal, y asimismo la mujer con el marido. La mujer no tiene potestad sobre su propio cuerpo, sino el marido; ni tampoco tiene el marido potestad sobre su propio cuerpo, sino la mujer. No os neguéis el uno al otro, a no ser por algún tiempo de mutuo consentimiento, para ocuparos sosegadamente en la oración; y volved a juntaros en uno, para que no os tiente Satanás a causa de vuestra incontinencia*" 1 Corintios 7:3-5. Este pasaje habla sobre la importancia de la intimidad sexual dentro del matrimonio. Se insta a los esposos y esposas a no privarse mutuamente, excepto por acuerdo mutuo y por un tiempo limitado, para dedicarse a la oración.

"*Casadas, estad sujetas a vuestros maridos, como conviene en el Señor. Maridos, amad a vuestras mujeres, y no seáis ásperos con ellas*" Colosenses 3:18-19. Aquí se insta a las esposas a someterse a sus esposos, y a los esposos a amar a sus esposas y no tratarlas con amargura.

"*Vosotros, maridos, igualmente, vivid con ellas sabiamente, dando honor a la mujer como a vaso más frágil, y como a coherederas de la gracia de la vida, para que vuestras oraciones no tengan estorbo*" 1 Pedro 3:7. Este versículo instruye a los esposos a tratar a sus esposas con comprensión, honrándolas como vaso más frágil y siendo considerados con ellas, para que sus oraciones no sean obstaculizadas.

Estos son solo algunos ejemplos de las instrucciones bíblicas relacionadas con el matrimonio. Es importante estudiar y reflexionar sobre las Escrituras en su contexto completo para obtener una comprensión completa de los principios y valores que Dios desea para el matrimonio. Además, el matrimonio cristiano se basa en el amor, el respeto, el perdón y la voluntad de buscar el bienestar y el crecimiento mutuo en la relación conyugal. Por último y no por eso menos importante, hablemos de la necesidad en el área sexual.

Compatibilidad sexual

Suplir las necesidades físicas en el matrimonio incluye una vida sexual saludable y satisfactoria. La intimidad sexual en el contexto del matrimonio es un regalo de Dios y une a la pareja de una manera especial. Comuníquense abierta y respetuosamente sobre sus deseos y necesidades y busquen la satisfacción mutua en este aspecto de su relación. Mantengan una mentalidad abierta y dispuesta a experimentar nuevas formas de intimidad sexual en el matrimonio. Descubran juntos lo que les gusta y lo que les brinda placer, siempre dentro de los límites y valores cristianos.

> *El matrimonio cristiano se basa en el amor, el respeto, el perdón y la voluntad de buscar el bienestar y el crecimiento mutuo en la relación conyugal.*

En medio de las responsabilidades y el ajetreo diario, es importante reservar tiempo de calidad para estar juntos como pareja. Esto incluye tiempo para la intimidad sexual, permitiendo que la conexión física y emocional se fortalezca.

Tómense el tiempo para aprender y comprender la sexualidad tanto a nivel físico como emocional. Investiguen juntos, lean libros sobre el tema y consideren asistir a talleres o cursos sobre sexualidad dentro del contexto cristiano. La intimidad sexual debe estar arraigada en el amor y el respeto mutuo. Trate a su cónyuge con amor, ternura y respeto en todas las áreas de su relación, incluida la sexualidad.

Si ambos están entrados en años, es importante recordar que los cuerpos van cambiando. Decía el cantautor cubano Pablo Milanés: "El tiempo pasa, nos vamos poniendo viejos". En la sexualidad tenemos que tomar en cuenta, la edad, la salud y sobre todo de preparar el cuerpo. Es parte de amarse y de demostrar que desea que su cónyuge, se sienta bien y sobre todo, disfrute el momento de intimidad. Vivimos una vida tan ajorada que, al momento de la intimidad, muchas veces no tomamos el tiempo adecuado o queremos tener intimidad con nuestro cónyuge, sin darnos cuenta de que quizás está extenuado por el cansancio del día. Recuerde que este es un momento especial, de entrega total y si en ese momento tendemos a ser egoístas se puede afectar la relación. Por eso, oren juntos como pareja y busquen la guía de Dios en su vida sexual. La espiritualidad compartida puede fortalecer la conexión entre ustedes y promover una perspectiva saludable de la sexualidad dentro del matrimonio cristiano.

Recuerden que suplir las necesidades en el matrimonio requiere esfuerzo mutuo y compromiso continuo. Hay que ser intencionales con esto. Solo a través de la oración, la confianza en Dios y el deseo de amar y servir a su cónyuge, pueden construir una relación sólida y significativa que honre a Dios y les brinde felicidad y plenitud a ambos. El matrimonio es una relación basada en el amor, la comprensión mutua y el respeto. Para que esta relación prospere, es fundamental que tanto el hombre como la mujer comprendan y satisfagan las necesidades del otro. Al abordar las necesidades emocionales, espirituales y de comunicación, la pareja puede cultivar una relación matrimonial sólida y enriquecedora. A través del respeto, la admiración y el amor incondicional, el esposo puede brindar seguridad emocional a su esposa. Del mismo modo, la mujer puede nutrir y apoyar las necesidades espirituales de su esposo, mientras ambos trabajan juntos para fortalecer su relación con Dios. La comunicación abierta y respetuosa les permite compartir sus pensamientos, emociones y preocupaciones, lo que fomenta una mayor conexión y comprensión entre ambos.

En última instancia, satisfacer las necesidades del hombre y la mujer en el matrimonio requiere compromiso, empatía y disposición para aprender y crecer juntos. Al nutrir estas necesidades fundamentales, la pareja puede experimentar la plenitud y la bendición que Dios tiene reservada para el matrimonio. Si logramos suplir estas necesidades estaremos izando las velas para que la barca siga su rumbo y llegue a puerto seguro. ¡Qué el amor de Cristo los guíe en esta hermosa jornada matrimonial!

Preguntas del capítulo 3

Estas preguntas las deben contestar por separado.

1. Indique cuánta falta tiene de las siguientes necesidades utilizando los números del 1-5. Uno (1) es ninguna necesidad, cinco (5) es total necesidad.

a. Honradez y sinceridad   Él: ___ Ella: ___
b. Esparcimiento y diálogo   Él: ___ Ella: ___
c. Manejo de finanzas   Él: ___ Ella: ___
d. Cooperación en el hogar   Él: ___ Ella: ___
e. Amor y afecto   Él: ___ Ella: ___
f. Soporte emocional   Él: ___ Ella: ___
g. Consideración mutua   Él: ___ Ella: ___
h. Crecimiento espiritual en conjunto   Él: ___ Ella: ___
i. Compatibilidad sexual   Él: ___ Ella: ___

2. Indique como se siente cuando esa necesidad es suplida. Utilizando los números del 1-5. Uno (1) es me siento infeliz, cinco (5) es me siento sumamente feliz.

a. Honradez y sinceridad   Él: ___ Ella: ___
b. Esparcimiento y diálogo   Él: ___ Ella: ___
c. Manejo de finanzas   Él: ___ Ella: ___
d. Cooperación en el hogar   Él: ___ Ella: ___
e. Amor y afecto   Él: ___ Ella: ___
f. Soporte emocional   Él: ___ Ella: ___
g. Consideración mutua   Él: ___ Ella: ___
h. Crecimiento espiritual en conjunto   Él: ___ Ella: ___
i. Compatibilidad sexual   Él: ___ Ella: ___

3. De todas las necesidades habladas en el capítulo, ¿cuál tiene mayor importancia para usted?
_____
_____
_____
_____

4. ¿Con cuánta frecuencia quisiera que su cónyuge supliera esa necesidad?
_____
_____
_____
_____

CAPÍTULO 4
Lo que mata al amor

Cuando el motor de nuestro vehículo se daña corremos al mecánico para que lo arregle. No obstante, si es algo que sabemos arreglar, lo resolvemos nosotros mismos. No arreglarlo puede conllevar que el vehículo se averíe en otras áreas, pues en ocasiones, por no arreglar una cosa, el daño que se crea es irreparable y terminamos vendiéndolo a un "junker". Lo mismo pasa con nuestro matrimonio. Para que esta aventura nunca tenga fin y no tengamos que salir ninguna de las partes de la relación, dañados emocionalmente, heridos y maltrechos, tenemos que atender aquellas cosas que le hacen daño al matrimonio.

Recién casados, Carmencita y yo, pasamos un mal rato porque el carro que yo tenía se calentaba. Yo lo resolvía echando agua o refrigerante al radiador cada vez que salíamos, pero no atendía el problema. Un día se calentó de tal forma que tuve que estacionarme a la orilla de la carretera. No había manera de arreglarlo allí. El tubo que llevaba el agua al motor estaba totalmente roto. Era como un colador, tenía muchos de agujeros por donde se salía el agua y vapor. Fui a un taller de mecánica y me vendieron un tubo semejante al de la pasta dental, este contenía una masilla que supuestamente iba a cerrar los agujeros que tenía el tubo. Eso solo ayudó por unos 15 minutos. El carro volvió a calentarse y por poco se daña todo el motor. No fue hasta que lo llevé al mecánico y cambió el tubo completo, que el carro funcionó normalmente. Gaste más dinero y tiempo. Todo se hubiera resuelto si hubiera ido la primera vez que el carro se calentó.

A veces pensamos: "Yo puedo resolver esta crisis, yo puedo trabajar con esto y aquello". Hay cosas que realmente laceran la confianza, el amor y la unidad, y no siempre tenemos las respuestas para ellas. Tenemos que empezar por identificar esas áreas que afectan la relación. Algunos profesionales llaman a estas situaciones, los destructores del amor. Son todas aquellas cosas que hacemos que lo van matando. El Dr. Harley, quien también fuera uno de mis profesores mientras cursaba la maestría en consejería pastoral, escribió un libro muy bueno al respecto. Al final en la bibliografía encontrarás el nombre de este.

Recordemos que, aunque el matrimonio cristiano es una unión sagrada y valiosa, existen factores que pueden socavar y debilitar el amor en esta relación especial. Entendemos que en la relación de pareja existe lo que llamamos el banco del amor. Este nos explica cómo los sentimientos de amor se crean y se destruyen. Cada experiencia que tenemos con nuestro cónyuge afecta radicalmente el saldo en nuestro banco del amor. A través del día, la semana, el mes y el año, hacemos depósitos o retiros a la cuenta. Cuando las cosas van bien en la relación es porque hemos hecho varios depósitos y esos depósitos son acreditados a nuestra cuenta; somos felices y nos sentimos amados.

> *Cada experiencia que tenemos con nuestro cónyuge afecta radicalmente el saldo en nuestro banco del amor.*

Sin embargo, cuando las cosas no van bien es porque hemos hecho varios retiros del banco del amor; somos infelices y nos sentimos frustrados. Muchas de las relaciones que están a punto del fracaso se debe a que su cuenta en el banco del amor está sobregirada; y esa relación es caracterizada por sentimientos de odio, indiferencia y apatía. ¿Cuáles son esos destructores del amor que van socavando la cuenta en el banco del amor?

Peticiones hechas de forma individual

Esto es bien peligroso porque la mayoría de las veces, cuando forzamos de forma individual y egoísta a nuestro cónyuge, envuelve amenazas, castigos y retiro emocional, en el caso de que la otra parte se niegue a hacer lo que se le está exigiendo. Es triste tener que escuchar que un esposo dejó de hablarle a su esposa porque ella no consintió en regalarle el último juego de Xbox. Él la amenazó, no solo con no hablarle, sino que también la amenazó con no contribuir para el sustento del hogar. Obviamente este es un caso extremo porque envuelve una adicción a tales juegos, pero podemos ver como en su demanda egoísta el hombre amenaza si sus exigencias no son cumplidas.

También es peligroso porque sabemos que en el matrimonio no debe hacerse nada de forma egoísta. Por eso, yo no creo en la frase que dicen que cada uno da el 50% en el matrimonio. Si fuera así, me estoy reservando 50% para mí y ella se reserva 50% para ella. En el matrimonio cada uno se esfuerza y da el 100% para que la relación continúe adelante. Por eso la importancia de compartir todo: experiencias, inquietudes, finanzas, anhelos, frustraciones, penas y alegrías. Cuando así hacemos estamos actuando de forma bíblica y siendo uno, en vez de dos.

Quejas condenatorias

Estas intentan cambiar las actitudes, creencias y el comportamiento de tu cónyuge al tratar de forzar tu manera de pensar a través de regaños, críticas, amenazas, sarcasmo y la ridiculización. Lamentablemente, muchas veces he tenido que actuar más como árbitró de boxeo que como consejero. Llegan parejas a la oficina y tan pronto les doy la oportunidad de expresarse lo que escucho son las quejas condenatorias.

Hay esposas que se vuelven históricas (créeme que quise decir históricas y no histéricas, no hay un error ortográfico). Lo que quiero decir con históricas es que enseguida que comienzan a hablar sacan a relucir los problemas de hace 5 años atrás. Esto solo denota que no ha habido perdón y que hay muchos resentimientos. El resentimiento y la incapacidad para perdonar pueden envenenar gradualmente el amor en un matrimonio cristiano. El rencor acumulado dificulta la reconciliación y crea barreras emocionales que impiden la intimidad y la confianza mutua.

Por otro lado, ninguna de las partes tiene el poder y la potestad de cambiar al otro. Esto solo lo tiene el Espíritu Santo de Dios, quien obra en nosotros. Cuando de forma condenatoria nos burlamos, regañamos, criticamos y somos sarcásticos con nuestros cónyuges, estamos haciendo retiros bien grandes en el banco del amor y nos corremos el riesgo de dejar la cuenta sin fondos. De la misma forma, la deshonestidad daña y perjudica la relación haciendo grandes retiros del banco del amor.

Deshonestidad

Cuando hablamos de la deshonestidad no podemos pensar de forma trivial. No es simplemente que usted dijo una "mentirita blanca" a su cónyuge, estamos hablando de algo más profundo. Es fallar en revelarle a su cónyuge sus pensamientos, sentimientos, gustos, disgustos, historial personal, actividades diarias, y planes futuros. Ocultarle información o, peor aún, darle una falsa impresión.

La comunicación inadecuada o deficiente puede causar resentimiento, malentendidos y distancia emocional en el matrimonio. La falta de diálogo abierto y honesto impide la resolución de problemas y el fortalecimiento de la conexión entre los cónyuges. Hay una película que siempre me ha gustado, es una comedia/drama judicial. En ella participan los actores Joe Pesci, Ralph Macchio (Karate Kid) y Fred Gwynne (The Munsters). En esta película unos hombres roban una tienda en una gasolinera. Al lado de la gasolinera vive una señora que asegura haberlo visto todo. Ella identificó el color del carro, el modelo del carro y a los acusados. Al final Joe Pesci, quien es el abogado de los acusados, va a la casa de esta señora y se percata que la ventana por la que la señora dice haber visto a los asaltantes estaba toda sucia. Tanto la ventana como el "screen" de esta no habían sido limpiados en años. En adición, la señora padecía de la vista y utilizaba espejuelos para poder ver bien. Todas estas razones hicieron que su testimonio no tuviera valor. Al no poder ver bien, por causa del sucio en el cristal de la ventana, ella tuvo que admitir que no estaba segura de que los acusados fueran quienes realizaron el robo.

> *No hablar las cosas con honestidad es tener el cristal del frente del carro sucio.*

Cuando nosotros nos acostumbramos a tener buena comunicación y honestidad en nuestros matrimonios, tenemos siempre los cristales limpios. Nada se ve borroso. Ir en un carro con los cristales sucios dificulta el que podamos ver bien hacia donde vamos. No hablar las cosas con honestidad es tener el cristal del frente del carro sucio. Esto puede conducir a un accidente y este podría ser fatal. Por lo tanto, hagamos lo posible, seamos intencionales en comunicarnos bien y ser siempre lo más honestos posibles aun cuando lo que tengamos que decir, sea un detonante para una discusión o altercado.

La comunicación es esencial para construir una relación sólida y duradera. Reitero que, la falta de comunicación puede llevar a malentendidos, resentimientos y distanciamiento emocional. Mejor decir las cosas, identificarlas y trabajar con ellas, que ocultarlas, o dar la impresión de que nada pasa. Para evitar este destructor es importante que los cónyuges se tomen el tiempo para escucharse mutuamente, expresar sus pensamientos y sentimientos de manera clara, honesta y respetuosa y trabajar juntos para resolver cualquier conflicto o problema que surja. Este es un consejo que les damos y que aprendimos en el rodar por la vida. Cuando hay coraje, ira y enojo, no hablen. En casa tenemos un límite, hablaremos de esto más adelante. Cuando estamos enojados nos damos un espacio para que las aguas bajen a su nivel. No hacerlo así, provoca que se digan cosas que hieren y maltratan. Tampoco nos estamos ajorando: "Dime, dime, dime qué te pasa", "algo te pasa dímelo ahora". Nos damos un tiempo para que se vaya el enojo y el coraje y nos sentamos a dialogar con honestidad. Nunca nos acostamos si resolver un asunto.

La presión social, los medios de comunicación y las tentaciones externas pueden poner en peligro la relación.

De todas formas, los desacuerdos y conflictos son inevitables, impredecibles, e imparciales en cualquier matrimonio, pero cuando no se abordan y se resuelven de manera adecuada, pueden erosionar el amor y la unidad en la relación. Aprender a comunicarse de manera efectiva, honesta y buscar la reconciliación y el compromiso es esencial para mantener la armonía. Además, la oración conjunta puede fortalecer la comunicación al buscar la guía de Dios y permitir que Su amor y sabiduría fluyan entre los cónyuges.

La influencia negativa del mundo

Vivimos en un mundo lleno de influencias negativas que pueden socavar el amor y los valores cristianos en un matrimonio. La presión social, los medios de comunicación y las tentaciones externas pueden poner en peligro la relación y alejar a las parejas de su compromiso con Dios y entre sí. Para evitar este destructor es fundamental que las parejas cristianas protejan su matrimonio de influencias dañinas. Esto puede incluir limitar el tiempo que se pasa expuesto a medios de comunicación negativos, rodearse de amigos y mentores que apoyen los valores cristianos y mantener una relación estrecha con Dios a través de la oración y la meditación en Su Palabra.

La mayor queja que he escuchado los últimos años cuando vienen matrimonios buscando consejería es: "Él se pasa metido en el celular, cuando paso por su lado lo esconde, no puedo confiar en él". Si usted me conoce bien, sabe que utilizo muchas las redes sociales para promocionar las cosas que hacemos en la iglesia. Estamos en todas: Facebook, YouTube, Instagram, TikTok, X y ahora en Threads. Este destructor ha tratado de entrar en mi relación con Carmencita. He tenido que establecer una agenda específica para el tiempo que voy a estar en las redes. Estas son una herramienta muy poderosa para proclamar el mensaje de Cristo, pero a su vez si no hay controles son muy adictivas.

En la última década, las redes sociales han transformado la forma en que las personas se comunican, interactúan y comparten información. Estas plataformas digitales ofrecen oportunidades para conectarse con otros, expresar opiniones y acceder a una amplia gama de contenido. Sin embargo, tengo que recalcar que también han surgido desafíos significativos, especialmente en el contexto del matrimonio cristiano. Si me permites unos cuantos párrafos más, te invito a explorar el peligro potencial que las redes sociales representan para los matrimonios basados en la fe, examinando cómo pueden erosionar la intimidad, fomentar la comparación y socavar los valores cristianos fundamentales.

Erosión de la intimidad en el matrimonio

Las redes sociales pueden erosionar la intimidad en el matrimonio al facilitar la comunicación constante con personas fuera de la relación. Las interacciones digitales pueden volverse emocionalmente cercanas y amenazar la exclusividad emocional que debería existir entre los cónyuges. La facilidad de la comunicación en línea puede llevar a la formación de conexiones emocionales inapropiadas o a la búsqueda de atención y validación fuera del matrimonio. Estas acciones pueden minar la confianza y generar sentimientos de traición en la pareja, debilitando así la relación matrimonial.

> *Las interacciones digitales pueden volverse emocionalmente cercanas y amenazar la exclusividad emocional que debería existir entre los cónyuges.*

Fomento de la comparación y la envidia

Las redes sociales son una vitrina donde las personas muestran sus vidas de manera selectiva, resaltando los aspectos positivos y omitiendo los desafíos y dificultades. Esto puede llevar a la comparación constante y la envidia en el matrimonio cristiano. Cuando las parejas se enfrentan a imágenes idílicas de otros matrimonios aparentemente perfectos en las redes sociales, pueden sentirse insatisfechas o inadecuadas en comparación. La envidia puede socavar la gratitud por la relación propia y crear una mentalidad de deseo constante de más, en lugar de apreciar las bendiciones presentes en el matrimonio.

Socavamiento de valores cristianos fundamentales

Las redes sociales a menudo están llenas de contenido que no siempre son consistentes con los valores cristianos. La exposición constante a mensajes y perspectivas contrarias a la fe puede debilitar la convicción de los cónyuges y dificultar la práctica de sus creencias compartidas. Además, estas pueden exponer a las parejas a tentaciones y distracciones que van en contra de los principios bíblicos de fidelidad y compromiso matrimonial. La pornografía en línea, por ejemplo, puede infiltrarse en el matrimonio a través de las redes sociales y generar conflictos y disfunciones en la relación.

A pesar de los peligros inherentes a las redes sociales, es importante destacar que estas plataformas no son inherentemente malas. Como lo expresé anteriormente, el problema radica en cómo se utilizan y en la disposición de las parejas para establecer límites saludables en su uso. Para mitigar los peligros, los cónyuges deben fomentar la comunicación abierta y honesta en su matrimonio, estableciendo expectativas claras sobre el uso de las redes sociales. Además, es fundamental cultivar la confianza mutua y la exclusividad emocional, evitando las interacciones inapropiadas en línea.

Es fundamental que las parejas cristianas prioricen su relación con Dios y fortalezcan su fe juntos. La oración, la lectura de la Biblia y la participación en actividades espirituales compartidas pueden ayudar a mantener los valores cristianos fundamentales en el matrimonio. Además, buscar el asesoramiento y la guía de mentores o líderes espirituales puede ser beneficioso para enfrentar los desafíos digitales y encontrar apoyo en momentos de dificultad.

Las redes sociales presentan, tanto oportunidades, como peligros para el matrimonio cristiano. La erosión de la intimidad, la comparación constante y la exposición a valores contrarios a la fe son desafíos significativos que deben ser abordados con sabiduría y discernimiento. Sin embargo, al establecer límites claros, priorizar la comunicación y fortalecer la relación con Dios, las parejas pueden navegar por el mundo digital de manera segura y preservar la belleza y la sacralidad de su matrimonio cristiano.

Yo tuve la mala experiencia de ver a un matrimonio que admiraba y amaba, ser destruido por el mal uso del internet. Mi amigo, que más que amigo, era mi hermano, y su esposa, eran tremendos siervos de Dios. Ellos pasaban prácticamente toda su semana en la iglesia, sirviendo con la infinidad de dones y talentos que Dios había puesto en ellos. Ellos eran ministros de alabanza, eran conductores del autobús de la iglesia, enseñaban a los niños, en fin, eran felices sirviendo al Señor. Ella era maestra de profesión y él también. A ella le dieron una computadora en la escuela para ir fomentando el uso del internet en el salón de clases (esto fue cerca de los años 2000-2003). Para hacerles el cuento largo, corto, ella se envolvió en una relación por internet y se atrevió a viajar a otro país para encontrarse con la persona con quien estaba involucrada. Esto devastó a mi amigo. Luego ella se arrepintió y comenzaron a tomar consejerías, pero la desconfianza pudo más. Él nunca más pudo confiar en ella y terminaron divorciándose. Gracias a Dios luego se casó con otra mujer que, guiada por el Espíritu, le devolvió la vida a mi amigo.

En casa tenemos una norma. Nunca le había puesto nombre, pero para efectos de este libro la voy a llamar: "la norma de los celulares y computadoras abiertos y las contraseñas compartidas". ¿Suena bien verdad? ¿Qué quiere decir esto? En casa yo puedo dejar mi celular abierto en cualquier lugar sin ningún problema, igual así las computadoras. De igual forma, las contraseñas son compartidas, yo sé la contraseña del celular y la computadora de mi esposa y ella conoce las mías. Esto lo hablamos en el capítulo anterior, ¿lo recuerda? La honestidad y la transparencia. Han sido muchas las ocasiones que he tenido que, en consejería pastoral, lidiar con este problema. Verdaderamente se ha vuelto un destructor del amor.

El amor es uno de los pilares fundamentales en un matrimonio cristiano. La Biblia nos enseña que el amor es paciente, amable, no envidia, no presume, no se engríe, no es grosero, no busca su propio interés, no se irrita, no guarda rencor, no se alegra de la injusticia, sino que se regocija con la verdad. Sin embargo, a lo largo de la vida matrimonial, pueden surgir una serie de factores que pueden poner en peligro la solidez de ese amor y actuar como destructores. Como ha leído, estos comportamientos y actitudes matan el amor, lo destruyen y van drenando el banco del amor. Es como cuando el carro se está quedando sin gasolina y como cuando olvidamos llevarlo al mecánico para el cambio de aceite. Seguimos corriendo el carro con ese aceite viejo que al final y a la postre dañará el motor entero. O peor aún, le ponemos una masilla para que selle los rotos de un tubo que ya no sirve, buscando resolver de forma ligera un asunto que es profundo y vital.

> *A lo largo de la vida matrimonial, pueden surgir una serie de factores que pueden poner en peligro la solidez de ese amor y actuar como destructores.*

Arranques de ira

Esto es cuando intencionalmente queremos herir a nuestro cónyuge para castigarlo o enseñarle una lección a través de los gritos, la humillación y el abuso físico. Es gritar, insultar, crear caos, tirar cosas, hacer daño emocional o físico. Todo esto hay que evitarlo. La Biblia nos dice: *"Airaos, pero no pequéis; no se ponga el sol sobre vuestro enojo, ni deis lugar al diablo. Ninguna palabra corrompida salga de vuestra boca, sino la que sea buena para la necesaria edificación, a fin de dar gracia a los oyentes. Y no contristéis al Espíritu Santo de Dios, con el cual fuisteis sellados para el día de la redención. Quítense de vosotros toda amargura, enojo, ira, gritería y maledicencia, y toda malicia. Antes sed benignos unos con otros, misericordiosos, perdonándoos unos a otros, como Dios también os perdonó a vosotros en Cristo"* Efesios 4:26-27, 29-32.

Costumbres irritantes

Estas son las costumbres que le molestan de su cónyuge. Algunos ejemplos son: su mala postura, sus hábitos de comer (come y habla con la boca llena, o hace ruidos molestosos mientras come), su tono de voz (en vez de hablar grita o no abre la boca para hablar, dificultando el que se pueda escuchar bien lo que dice), su estilo de vestir (siempre anda mal vestido con las mismas medias sucias, no plancha los pantalones. Esto lo he escuchado más en las mujeres hacia los hombres), sus hábitos de limpieza (una que otra noche de la semana no se baña, no se lava el pelo con regularidad, tiene mala higiene bucal), que deje las medias tiradas en la sala, que no bote la basura o peor aún, que bote la basura, pero no ponga una bolsa nueva en el zafacón. Y le ha dicho mil y una vez: "No hagas más eso porque me molesta", pero, aun así, continúa con su costumbre irritante. Todos los ejemplos antes expuestos los he escuchado en consejería con parejas. Son malas costumbres con las que hay que trabajar.

Conductas independientes

Estos son comportamientos o decisiones tomadas realizados sin tomar en consideración los sentimientos o la opinión de su cónyuge. Tuve la mala experiencia de atender una pareja en consejería y la queja de ella era (porque esto sucede mayormente con los hombres): "A este se le olvida que está casado. Si quería seguir su vida social como era antes de casarnos, que me avise que le doy el divorcio y que continúe su vida y así puede salir todos los fines de semana si le da la gana (esa expresión denota coraje y resentimiento)".

Como indicamos en el capítulo anterior y hemos recalcado que en un matrimonio somos uno. El mayor deseo de la esposa es estar junto a su esposo y viceversa. El matrimonio requiere un compromiso mutuo y continuo de amor, respeto y fidelidad. La falta de compromiso puede llevar a la indiferencia, la negligencia y la ruptura en la relación. Es esencial mantenerse comprometidos a trabajar juntos y superar los desafíos que surjan. Cuando el matrimonio no se coloca como una prioridad, otras áreas de la vida pueden tomar su lugar, lo que resulta en descuido y falta de atención hacia el cónyuge. Es fundamental dedicar tiempo y energía para nutrir y fortalecer la relación matrimonial. Por eso, hay que evitar las conductas independientes porque estas llevan a la falta de intimidad emocional y física, la cual es vital en el matrimonio. La falta de conexión emocional puede generar distancia y frustración en la relación. Es importante cultivar la intimidad a través de la comunicación, el afecto y la atención mutua.

> *La falta de compromiso puede llevar a la indiferencia, la negligencia y la ruptura en la relación.*

Influencias de relaciones negativas

Estas pueden incluir amistades tóxicas, familiares entrometidos o exposición a medios destructivos que pueden dañar el amor en el matrimonio cristiano. Es importante establecer límites saludables y proteger la relación de estas influencias negativas.

Falta de compromiso espiritual conjunto

La falta de un compromiso espiritual conjunto puede debilitar el amor en el matrimonio. Cuando no se comparten creencias y prácticas espirituales, se puede perder la conexión y el apoyo mutuo en la fe. Es importante cultivar y nutrir la vida espiritual en pareja.

Como puede ver, estos hábitos causan enormes retiros en el banco del amor y por consiguiente destruyen el amor en la relación. De manera que, si quiere reactivar sentimientos de amor, evite a todo costo hacer retiros y esfuércese por hacer depósitos. Al hacerlo, le garantizo que el amor volverá a brillar. Recuerden que, en un matrimonio cristiano, el amor puede ser fortalecido y restaurado a través del perdón, la humildad y la renovación del compromiso mutuo.

> *En un matrimonio cristiano, el amor puede ser fortalecido y restaurado a través del perdón, la humildad y la renovación del compromiso mutuo.*

Buscar la guía de Dios, la consejería cristiana y la dedicación a trabajar en la relación pueden ayudar a superar los desafíos y construir un matrimonio fuerte y lleno de amor que honre a Dios. Cuando al carro (su matrimonio) le suene algo (surja una de estas cosas que destruyen y matan el amor), llévelo a tiempo al mecánico (Dios, su pastor, psicólogo o terapeuta) no sea que la avería se siga haciendo más grande y termine rompiendo todo el vehículo. Si esa es la prioridad, definitivamente esta travesía nunca tendrá fin.

PREGUNTAS DEL CAPÍTULO 4

Estas preguntas las deben contestar por separado.

1. Indique si en su matrimonio se han dado algunos de los eventos que destruyen el amor. Puede marcar más de uno.

    a. Peticiones hechas de forma individual   Él: ___ Ella: ___
    b. Quejas condenatorias   Él: ___ Ella: ___
    c. Deshonestidad   Él: ___ Ella: ___
    d. La influencia negativa del mundo   Él: ___ Ella: ___
    e. Erosión de la intimidad en el matrimonio   Él: ___ Ella: ___
    f. Fomento de la comparación y la envidia   Él: ___ Ella: ___
    g. Socavamiento de valores cristianos fundamentales   Él: ___ Ella: ___
    h. Arranques de ira   Él: ___ Ella: ___
    i. Costumbres irritantes   Él: ___ Ella: ___
    j. Conductas independientes   Él: ___ Ella: ___
    k. Influencias de relaciones negativas   Él: ___ Ella: ___
    l. Falta de compromiso espiritual conjunto   Él: ___ Ella: ___

2. Indique cómo se siente cuando su cónyuge realiza estas acciones (tomen un tiempo a solas y dialoguen al respecto).

_____
_____
_____
_____

3. ¿Qué pasos prácticos van a dar para evitar estos comportamientos y hacer depósitos en el banco del amor?

_____
_____
_____
_____

CAPÍTULO 5
Sube la verja

Una de las cosas que destruye los matrimonios es la falta de límites, o cuando se rompen los límites establecidos. Cuando esto sucede, no hay crecimiento más allá una atracción inicial, por lo que no se logra alcanzar la intimidad real. Esto obstaculiza el conocimiento entre los cónyuges produciendo así la incapacidad de mantener el amor y de crecer como individuos y como pareja.

Para que esta intimidad se desarrolle, crezca y se pueda alcanzar el diseño de Dios, debe haber límites. La primera forma en que podemos establecer los límites es conocer dónde terminan los derechos de uno y comienzan los del otro. Una vez que conocemos los límites, deberíamos hacernos responsables de cualquier problema con el que estemos luchando. Si podemos ver que el problema es nuestro y que somos responsables de él, entonces estaremos en el asiento del conductor manejando hacia el cambio y por primera vez, estaremos empoderados.

La responsabilidad también implica acción. Si algo va a suceder, será porque tomamos medidas. Necesitamos cambiar algunas actitudes, comportamientos, reacciones o elecciones. Debemos participar activamente en la resolución de cualquier problema relacional que podamos tener, aunque no sea nuestra culpa. Cada cónyuge debe asumir la responsabilidad de las siguientes cosas: sentimientos, actitudes, comportamientos, elecciones, límites, deseos, pensamientos, valores, talentos y amor. La responsabilidad nos dice que somos nosotros los que debemos trabajar con nuestros sentimientos y aprender a sentirnos diferente.

Cada uno debe actuar, tanto para evitar ser víctima de los problemas del otro cónyuge, como para cambiar la relación matrimonial en sí. El proceso siempre comienza con asumir la responsabilidad de su propia parte del problema. Dios diseñó toda la creación para la libertad. No estábamos destinados a ser esclavizados unos por otros; estábamos destinados a amarnos libremente. Cuando alguien se da cuenta de la libertad que tiene de su cónyuge o cualquier otra persona, se abren muchas opciones. Los límites nos ayudan a saber exactamente dónde comienza y termina el control de alguien. Al igual que con las líneas de propiedad anteriores, lo mismo ocurre con las relaciones. Así como su vecino de al lado no puede obligarle a pintar su casa de morado, ningún otro ser humano puede obligarle a hacer nada eso viola las leyes básicas de libertad que Dios estableció en el universo.

Los límites nos ayudan a saber exactamente dónde comienza y termina el control de alguien.

El matrimonio no es esclavitud. Se basa en una relación de amor profundamente arraigada en la libertad. Cada cónyuge es libre del otro y, por lo tanto, libre de amar al otro. Donde hay control, o percepción de control, no hay amor. El amor solo existe donde operan la libertad y la responsabilidad. En la libertad se establecen límites, no para coartar, sino para seguridad y protección.

A continuación, algunos aspectos clave sobre cómo establecer límites en un matrimonio cristiano. Reconozcan la importancia de los límites. Comprendan que establecer límites no es egoísta ni falta de amor, sino que es una forma de proteger y cuidar su relación. Los límites saludables permiten que ambos cónyuges sean respetados, escuchados y tengan sus necesidades atendidas.

Reflexionen sobre sus propias necesidades y valores. Cada individuo tiene diferentes necesidades, deseos y límites. *Reflexionen sobre sus propias necesidades emocionales, físicas y espirituales, y también sobre sus valores y creencias personales.* Esto les ayudará a identificar los límites que necesitan establecer.

Comuniquen sus límites de manera clara y respetuosa. La comunicación abierta y honesta es clave para establecer límites efectivos. Conversen entre ustedes acerca de sus límites personales y cómo les gustaría que se respeten. Expresen sus expectativas y necesidades de manera respetuosa, escuchando también las perspectivas y límites del otro.

Aprendan a decir "no" de manera asertiva. En un matrimonio, es importante aprender a decir "no" de manera asertiva cuando algo va en contra de sus límites o valores. Sean claros y firmes en su negativa sin sentirse culpables o justificándose excesivamente. Recuerden que decir "no" a algo no es un rechazo hacia la otra persona, sino una afirmación de sus propios límites y necesidades.

Respeten los límites del otro. Al igual que establecen sus propios límites, también deben respetar los límites establecidos por su cónyuge. Escuchen activamente y respeten sus necesidades y límites personales. Eviten presionar, manipular o violar los límites del otro, y busquen soluciones y compromisos que sean mutuamente satisfactorios.

Busquen el apoyo de la fe y la consejería. Como matrimonio cristiano, busquen la guía de Dios en la forma en que establecen y respetan los límites. La oración y el estudio de la Biblia pueden brindarles discernimiento y sabiduría en este proceso. Además, consideren buscar la orientación de un consejero cristiano o un líder espiritual cuando sea necesario.

Reevalúen y ajusten los límites según sea necesario. Los límites pueden cambiar con el tiempo a medida que las circunstancias y las necesidades personales evolucionan. Regularmente, reevalúen sus límites y conversen sobre cómo pueden ajustarlos para adaptarse a los cambios en su relación y vida individual.

Ejemplos de una cerca bien puesta

En el mundo físico, muchos límites definen la propiedad y la protegen. Por eso en la imagen al comienzo del capítulo puse una cerca o verja. Las cercas son puestas en las casas para delinear los límites de la propiedad y a su vez dan seguridad para que no todo el mundo pueda entrar a la casa. En cierto modo, la cerca restringe a cualquier persona que quiera entrar sin autorización a la propiedad. Es por eso por lo que las cercas rodean las casas. Hoy en día hay casas que se construyen en comunidades cerradas. La mayoría de las casas tienen puertas y cerraduras. Como nosotros queremos cuidar de nuestro matrimonio, tenemos que establecer límites claros. No podemos dejar que todo el mundo entre en nuestro matrimonio ya que no todo el que viene, lo hace con la mejor intención. Por eso la importancia de poner esa cerca bien alta y fortalecida. En los viejos tiempos, las personas incluso tenían fosos y caimanes. En el mundo inmaterial de las almas y las relaciones, los límites son diferentes. Usted se verías raro con un foso alrededor de su corazón y el caimán requeriría de mucho mantenimiento.

> *Como nosotros queremos cuidar de nuestro matrimonio, tenemos que establecer límites claros.*

Debemos poner esa cerca de forma tal que brinde protección. Yo lo veo de esta forma. Mi matrimonio es como un árbol de mango (o puedes pensar en la fruta que desee) que está en el medio de una finca que yo poseo. Tan pronto llega la temporada de dar fruto los vecinos se dan cuenta que el árbol tiene muchos mangos y van allí a llevárselos. Cuando yo voy a buscarlos no hay, pues se los han llevado todos. La pregunta es, ¿qué debo hacer? La respuesta es obvia, tengo que poner una cerca alrededor del árbol de mango. Ahora, ¿de qué tamaño pongo la cerca? Creo que la respuesta también es obvia, debe ser lo más alta posible para evitar que vayan a brincarla y me sigan robando los mangos. Así que, si construyo una cerca, estaré poniendo límites que protegen mi árbol de mango (mi matrimonio).

Tengo que advertirle que los vecinos se van a molestar cuando ponga la cerca. Claro, ellos estaban acostumbrados a entrar en su finca y llevarse cuantos mangos les parecía. Ahora no tendrán esa libertad. Créame que se van a molestar, van a hablar de usted y a decir que es un creído y orgulloso, además de cuestionar los motivos de haber colocado la cerca. Todo pasará, solo manténgase firme y mantenga su cerca bien establecida. Ahora bien, eso no quiere decir que va a dejar de compartir sus mangos con otros, la diferencia está en que ahora es usted quien decide, cuántos, cuándo y con quién los comparte. Así mismo sucede con nuestros matrimonios, no todo el que se acerca viene a aportar, esta es la triste realidad. Es de suma importancia que se establezcan límites claros y específicos, entre la pareja, con las personas que rodean la pareja y en toda relación. Hay personas que son tóxicas y vienen a traer discordia, desunión y problemas. Vienen a sembrar dudas o simplemente a entrometerse en asuntos que no les corresponde. Es usted quien tiene el poder para decidir cuán baja o alta pondrá la cerca luego de estudiar cada persona a fondo, para que al final no terminen robándose los frutos. Esos que nos dieron mucho trabajo sembrar y cultivar.

Permítame un momento para explicarle algo más. En la gráfica de inicio de este capítulo aparece un tren junto con la cerca. El tren está ahí primero, porque fue montado en un tren en las montañas Poconos, que el Señor me habló de escribir este libro. Segundo, porque, así como el tren hace varias paradas en su recorrido, permitiendo que personas entren y salgan, de la misma forma en nuestra vida, entrarán y saldrán muchas personas. Unos se quedarán por un periodo de tiempo más prolongado, mientras que otros solo entrarán para salir en la próxima parada. No siempre la gente que entra viene para estar toda la vida. Hay momentos de separación, ya sea por un distanciamiento obligatorio o necesario. El distanciamiento obligatorio puede ser porque la persona se mudó a un lugar lejano y ya no tenemos un contacto tan seguido. Esta tiene nuevas obligaciones, se casó o cambió de trabajo. El distanciamiento necesario, es en el que ponemos la separación para establecer los límites necesarios.

> *La vida no siempre es un lecho de rosas, y muchas personas sufren heridas emocionales que pueden dejar cicatrices duraderas en su bienestar psicológico y emocional.*

Permítame ir un poco más profundo con esto. El ser humano es un ser social, con la capacidad de experimentar una amplia gama de emociones, tanto positivas como negativas. Lamentablemente, la vida no siempre es un lecho de rosas, y muchas personas sufren heridas emocionales que pueden dejar cicatrices duraderas en su bienestar psicológico y emocional. Sin embargo, lo que a menudo se pasa por alto es cómo aquellos que están heridos e infelices pueden transmitir su dolor a otros, creando un ciclo vicioso de sufrimiento. Hay varias razones detrás de este comportamiento que exploraremos a continuación junto a las posibles soluciones para romper este patrón pernicioso.

El dolor como desencadenante

Cuando una persona experimenta dolor emocional, ya sea debido a traumas pasados, relaciones disfuncionales o circunstancias adversas, es natural que busque formas de aliviar su sufrimiento. Sin embargo, aquellos que están heridos pueden recurrir a comportamientos perjudiciales como la agresión verbal, la manipulación emocional o incluso la violencia física como una forma de liberar su propia angustia. Estos actos de daño a otros a menudo surgen de la creencia errónea de que hacer sufrir a los demás puede brindar un breve respiro a su propio dolor interno.

La transmisión del sufrimiento

Cuando una persona herida, e infeliz hiere a otros, se establece un ciclo de dolor y sufrimiento que puede perpetuarse de generación en generación. Las personas que han sido lastimadas tienden a proyectar sus propias heridas y resentimientos en quienes los rodean, ya sea en sus parejas, familiares o amigos. Esto puede dar lugar a un ambiente tóxico y abusivo donde el daño emocional se convierte en una constante. A medida que las heridas emocionales se transmiten de una persona a otra, se crea un efecto dominó que puede afectar negativamente a una amplia red de relaciones interpersonales.

La búsqueda de poder y control

En muchos casos, las personas heridas e infelices buscan herir a otros como una forma de obtener poder y control sobre su entorno. La sensación de tener el control sobre alguien o algo puede proporcionar una ilusión momentánea de alivio y satisfacción. Sin embargo, este intento de dominio a menudo es efímero y solo perpetúa el ciclo de sufrimiento.

Es importante reconocer que esta búsqueda de poder y control es en realidad un intento desesperado de recuperar la propia estabilidad emocional, pero a costa de los demás. Es por eso por lo que debemos poner límites cuando se trata de personas como estas, llenas de sufrimiento e infelicidad. Dice Kimmey Rashcke en su libro: La gente tendrá el poder sobre ti que tú le permitas. "No dejes que las personas impongan sobre tu vida sus deseos y complejos que han cargado por décadas. No les otorgues poder, aprende a caminar en libertad".[1]

El amor no está para condonar malos hábitos, abusos, atropellos o insultos.

Recuerde que límite no es dejar de amar a la persona. Porque la ama y porque anhela que la relación funcione, la mejor forma de reconciliar es estableciendo límites. El amor no está para condonar malos hábitos, abusos, atropellos o insultos. Amamos como Jesús nos enseñó, pero siempre guardando nuestro corazón.

Dios nos ha equipado con límites especiales para el ámbito interpersonal. El límite más básico es el idioma. Nuestras palabras ayudan a definirnos. Le dicen a la otra persona quiénes somos, en qué creemos, qué queremos y qué no. Estos son algunos ejemplos de palabras que se utilizan como límites: "No, no quiero hacer eso". "No, no participaré en eso". "Sí, quiero hacer eso". "Lo haré". "Me gusta eso". "No me gusta eso". Cuando exponemos nuestros límites a la luz de la relación, podemos estar completamente conectados con nuestros cónyuges. Podemos resolver problemas y podemos tomar una posición para amar activamente a nuestros cónyuges arriesgándonos al

---

1   Rashcke, Kimmey. Mujer Real, Aprende a Vivir, Libre, Renovada y Plena. Casa Creación, Lake Mary, Florida. 2019 p. 71

conflicto por el bien de la relación. La exposición es la única forma de que se produzca la curación y el crecimiento.

10 leyes para construir la cerca

Hay 10 leyes de límites.[2] Aplique estas leyes a su matrimonio y vea cómo cambiará la forma en que se relacionan. Recuerde, no puede violar las leyes para siempre sin consecuencias. Todos tenemos que vivir de acuerdo con ellas y tener éxito, o desafiarlas continuamente y pagar las consecuencias. Estas leyes ayudarán a que su matrimonio se adapte a los principios de relación de Dios.

La ley de la siembra y la cosecha

Nuestras acciones tienen consecuencias. Lo que usted siembre eso mismo vas a cosechar. Si siembra amor, eso va a cosechar. Si siembra abusos, eso va a cosechar. Si siembra desconfianza, eso va a cosechar. Recuerde, no es solo que coseche lo que siembra, sino que siempre cosechará multiplicado lo que sembró. Siembra una semilla de aguacate y esta va a producir un árbol que le dará muchos aguacates. Siempre cosecharemós más de lo que sembramos.

La ley de responsabilidad

Somos responsables el uno del otro, pero no el uno por el otro. Es decir, yo tengo una responsabilidad con mi esposa de cuidarla, protegerla, proveerle y sustentarla. Pero cada uno es responsable por sus acciones. Si yo hago algo que afecta la

---

2 Cloud, Henry and Townsend John. Boundaries in Marriage. Understanding the Choices That Make or Break Loving Relationships Zondervan Corporation, Grand Rapids, Michigan. 2000

casa, Carmencita no es responsable de las consecuencias. Las consecuencias pueden tocarla, pero no son su responsabilidad. Ejemplo, si yo por descuido o por mal utilizar el dinero de la casa, no pago por el servicio eléctrico, el culpable soy yo, Carmencita no es responsable de eso. Si nos quedáramos sin servicio, que sería la consecuencia, ella se ve afectada pero no es su culpa y responsabilidad. Dicho de otra forma, somos responsables el uno para que el otro este bien, protegido, cuidado, haya unidad paz y amor, pero no somos responsables el uno por las actitudes y acciones del otro.

La ley del poder

Tenemos poder sobre cosas, no tenemos poder sobre otros. Una de las cosas que destruye el matrimonio es el deseo de hacer cambiar a nuestros cónyuges a la fuerza. Querer que piensen como nosotros, que actúen como nosotros decimos o que crean como nosotros. Eso es dañino y lo que demuestra es que no hay amor. Una vez en el altar usted dijo que aceptaba a su cónyuge porque vio en el algo especial. ¿Por qué querer ahora cambiarlo? No tenemos ese poder.

La ley del respeto

Si queremos que nuestro cónyuge acepte y respete nuestros límites, tenemos que aceptar y respetar los suyos.

La ley de motivación

Debemos tener la libertad de poder decir "NO" antes de que podamos, con todo el corazón, decir "SI". De hecho, nadie puede amar a otra persona si no siente que tiene el derecho de decir "NO". Dar su tiempo, amor y vulnerabilidad a su cónyuge requiere que tome su propia decisión basada en sus valores, no por miedo.

La ley de evaluación

Necesitamos evaluar el dolor que nuestros límites puedan estar causando a otros.

La ley de proactividad

Tomamos acción para resolver los problemas y las crisis basados en nuestros valores, deseos y necesidades.

La ley de la envidia
Nunca ponemos límites basados en la envidia. Tan es así que, nosotros nunca vamos a obtener lo que queremos si nos enfocamos fuera de nuestros límites hacia lo que otros tienen.

La ley de actividad

Tenemos que tomar la iniciativa a la hora de establecer los límites, antes que ser pasivos.

La ley de exposición

Tenemos que comunicar los límites el uno al otro. Tuve la experiencia de aconsejar a una pareja en un momento de crisis. Recuerdo muy bien cuando él le dijo a ella: "Es que a mí no me gusta que hagas tal cosa y siempre lo has hecho". A esto ella le preguntó: "¿Y cuándo pensabas decirme que no te gustaba? Nunca me lo habías dicho y por eso yo lo seguía haciendo. Si me lo hubieras dicho, no lo hacía". He ahí la importancia de exponer los límites y hablarlos. Yo siempre le recomiendo a las parejas que tomen un tiempo para discutir los límites y que lo pongan en una hoja de papel, en algún lugar de la casa. De esta forma está visible y expuesto para todos.

Establecer límites en un matrimonio cristiano es un acto de amor y respeto mutuo.

Los límites son importantes en toda relación. Lo hemos visto a nivel de matrimonio, pero cuando los hijos llegan también hay que poner límites. Le recuerdo que los límites no siempre tienen que ser: no hagas esto, no salgas, no digas, no quiero. Los límites pueden ser también: todos los lunes vamos a salir para tener un tiempo de dialogo y recreación, en la casa hablamos en un tono de voz que sea agradable, todas las noches tenemos un tiempo devocional para juntos orar. Esto hace que el establecimiento de límites sea algo más positivo que negativo. A su vez, esto lo hace más comprensible.

Recuerden que establecer límites en un matrimonio cristiano es un acto de amor y respeto mutuo. Al hacerlo, están promoviendo un ambiente de confianza, cuidado y crecimiento en su relación. Que la sabiduría y la guía de Dios los acompañen mientras establecen y respetan límites saludables en su matrimonio.

PREGUNTAS DEL CAPÍTULO 5

1. ¿Ha establecido límites en sus relaciones?
_____
_____
_____
_____

2. Si no ha establecido límites en sus relaciones ¿Le ha afectado de alguna forma el no establecer límites claros y precisos?
_____
_____
_____
_____

3. Cuando ha establecido límites ¿ha notado cambios en las personas con quienes estableció los límites?
_____
_____
_____
_____

4. ¿En qué áreas de la relación todavía necesita levantar una cerca?
_____
_____
_____
_____

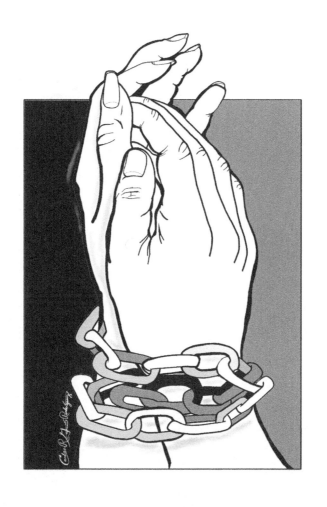

CAPÍTULO 6
No seas un rehén emocional

Ser un rehén emocional de otra persona es una situación difícil y perjudicial que puede afectar negativamente nuestra salud mental, emocional y espiritual. En los años que llevo ofreciendo consejería matrimonial, he podido ver que esto se ha vuelto muy común. Es por eso por lo que decidí hablar un poco sobre este tema en el libro. El no tener buenos límites, como discutimos anteriormente, puede llevar a que una de las partes en el matrimonio someta a la otra convirtiéndola en una rehén emocional. Esto crea graves problemas mentales, emocionales, obviamente relacionales, espirituales y puede llegar a afectar a la persona en términos físicos.

Existen estrategias para evitar convertirse en un rehén espiritual. Utilizo la palabra convertirse porque eso es algo progresivo. Por eso se requiere de estrategias prácticas para poder liberarse de las ataduras que crean el ser un rehén espiritual. En nuestro matrimonio, nos hemos cuidado de esto el uno al otro. Aun así, hemos vivido lo que es ser un rehén emocional con otras personas cercanas. A continuación, se presentan algunas estrategias para evitar convertirse en un rehén emocional.

Reconozca su propio valor y dignidad

Es fundamental tener una autoestima saludable y reconocer su propio valor como persona. No permita que nadie le menosprecie, manipule o le haga sentir inferior. Recuerde que merece ser tratado con respeto y dignidad en todas sus relaciones. Desarrolle un conocimiento profundo de sus propias emociones, límites y necesidades. Esto le ayudará a identificar cuando alguien está tratando de manipularle emocionalmente. Usted tiene un valor que le fue dado por Dios. No lo puede olvidar. Diariamente, al levantarme, hago unas declaraciones. Las digo en voz alta y con firmeza. Se las voy a regalar para que cada día las diga y recuerde quién es en el Señor.

- Estoy totalmente perdonado y libre de toda vergüenza y condenación.
- Actúo con fe audaz para cambiar el mundo en mi generación.
- No tengo miedo ni ansiedad, confío en el Señor con todo mi corazón.
- Soy capaz de cumplir con el llamado que Dios ha puesto en mi vida.
- Estoy totalmente financiado para hacer todo lo que Dios me ha llamado a hacer.
- No tengo inseguridad, porque me veo como Dios me ve.
- Soy hijo fiel y hermano piadoso; nuestra familia es bendecida.
- Estoy completo física, mental y emocionalmente.
- Estoy aumentando en influencia y favor para el reino de Dios.
- Estoy capacitado para caminar en el amor sacrificial de Cristo.
- Tengo la sabiduría del Señor en cada decisión que tomo.
- Estoy protegido de todo daño y maldad en el nombre de Jesús.

Cultive relaciones saludables

Busque rodearse de personas que le apoyen, inspiren y le traten con respeto y amor. Cultive amistades y relaciones que sean mutuamente beneficiosas y basadas en el respeto y la confianza. Estas relaciones saludables le ayudarán a fortalecer su autoestima y a evitar caer en la dinámica de ser un rehén emocional.

Cultive su crecimiento personal

Invierta tiempo y energía en su crecimiento personal, tanto a nivel emocional como espiritual. Busque oportunidades para aprender y desarrollarse en áreas que le interesen. Esto fortalecerá su confianza y su capacidad para mantener relaciones saludables.

Establezca límites saludables

Esta de usted establecer límites sólidos, estables e inamovibles en su vida. Recuerde, si no lo hace pueden entrar a su finca a robarle los mangos. Entienda la analogía, los mangos son los frutos que usted tiene: paz, armonía, gozo, visión, metas y sueños. Cuando no hay límites bien establecidos otros van a querer robarle todo eso. Aprenda a establecer límites claros y comunicarlos de manera amorosa, pero firme. Los límites saludables le protegen de ser manipulado emocionalmente y le permiten mantener una relación equilibrada.

Mantenga una relación sólida con Dios

Como cristiano, busque una relación íntima con Dios a través de la oración, la lectura de la Biblia y la comunión con otros creyentes. Al estar cerca de Dios, podrá recibir sabiduría y discernimiento para reconocer y evitar situaciones manipuladoras.

Aprenda a decir "no"

No tenga miedo de decir "no" cuando algo va en contra de sus valores o se sienta explotado emocionalmente. Recuerde que está bien poner sus necesidades y bienestar emocional en primer lugar.

Busque apoyo cristiano

Busque el apoyo de líderes espirituales o mentores cristianos en su iglesia u otra comunidad de fe. Ellos pueden brindarle orientación y consejos basados en principios bíblicos para lidiar con situaciones emocionalmente difíciles.

Practique el perdón

Aunque pueda experimentar heridas emocionales debido a manipulaciones pasadas, es importante practicar el perdón. El perdón no significa ignorar o permitir un comportamiento abusivo, pero le libera de la carga emocional y le permite seguir adelante con su vida.

Busque ayuda profesional si es necesario

Si se encuentra en una situación donde se siente atrapado emocionalmente y no sabe cómo salir, considere buscar ayuda profesional. Un consejero o terapeuta cristiano puede brindarle el apoyo necesario para superar las dificultades. Recuerde que su bienestar emocional y mental es primordial. No permita que nadie le robe su paz, alegría o libertad emocional. Usted merece ser feliz y vivir en relaciones saludables y equilibradas.

Confíe en el amor incondicional de Dios, en usted mismo y en su intuición para superar cualquier situación de rehén emocional y construir una vida llena de respeto, amor propio y libertad. Recuerde también que su bienestar emocional es valioso y que Dios desea que viva una vida plena y libre de manipulación. Confiar en Él, establecer límites saludables y buscar apoyo adecuado le ayudará a evitar ser un rehén emocional de otras personas. Debí comenzar por esta parte, pero la dejé para este momento a propósito. Definamos lo que es un rehén emocional y miremos cuáles son sus características.

El rehén emocional en el matrimonio se refiere a una dinámica en la cual uno de los cónyuges ejerce un control emocional manipulador sobre el otro, restringiendo su libertad emocional y afectando negativamente su bienestar. En esta situación, el cónyuge que se convierte en el rehén emocional se siente atrapado en una relación desequilibrada y experimenta una constante manipulación y coerción emocional por parte de su pareja.

> *Su bienestar emocional y mental es primordial. No permita que nadie le robe su paz, alegría o libertad emocional.*

Características del rehén emocional en el matrimonio
Manipulación emocional

El cónyuge que ejerce el control emocional utiliza manipuladoras para influir y controlar las emociones del otro. Esto puede incluir chantaje emocional, hacer sentir culpable, criticar constantemente, utilizar el silencio o la indiferencia, o amenazar con abandonar la relación.

Dependencia emocional

El cónyuge rehén desarrolla una fuerte dependencia emocional de su pareja, creyendo que necesita su aprobación y validación para sentirse valioso. Esta dependencia puede llevar al rehén a sacrificar sus propias necesidades y deseos en favor de los de su pareja.

Aislamiento social

El cónyuge que ejerce el control emocional puede aislar al rehén de amigos y familiares, reduciendo su apoyo externo y creando una dependencia aún mayor de la relación. Esto dificulta que el rehén busque ayuda o perspectivas externas sobre la situación.

Desequilibrio de poder

Existe un claro desequilibrio de poder en la relación, donde el cónyuge controlador ejerce una posición de dominio y el rehén se siente subyugado. El cónyuge controlador toma decisiones unilaterales y desvaloriza las opiniones y deseos del rehén.

Baja autoestima e inseguridad

Como resultado de la manipulación emocional constante, el cónyuge rehén puede experimentar una disminución de la autoestima y desarrollar sentimientos de inseguridad. Puede sentirse atrapado en un ciclo de culpa y vergüenza, creyendo que es el responsable de los problemas en la relación.

Pérdida de autonomía

El cónyuge rehén siente que no tiene control sobre su propia vida y decisiones. Sus necesidades y deseos son ignorados o subordinados a los de su pareja controladora, lo que limita su capacidad para crecer y desarrollarse individualmente.

Deterioro de la comunicación y la confianza

La comunicación abierta y honesta se ve obstaculizada en una relación de rehén emocional. El rehén puede temer expresar sus sentimientos o preocupaciones, y la confianza mutua se erosiona debido a las manipulaciones y juegos emocionales. Es importante destacar que el rehén emocional en el matrimonio no está limitado a un solo género, ya que tanto hombres como mujeres pueden ser víctimas o perpetradores de este tipo de dinámica. Reconocer estas características es el primer paso para abordar y romper el ciclo de rehén emocional en el matrimonio.

Los peligros de convertirse en un rehén emocional

Cuando uno de los cónyuges se convierte en un rehén emocional en el matrimonio, enfrenta una serie de peligros que pueden tener un impacto significativo en su salud emocional, mental y espiritual. A continuación, se presentan algunos de los peligros más comunes para el cónyuge que se encuentra en esta situación.

Pérdida de identidad y autoestima

El cónyuge rehén puede experimentar una disminución de su sentido de identidad y autoestima. La constante manipulación y control emocional erosionan su confianza en sí mismo y en sus propias capacidades. Puede comenzar a dudar de su valor y perder de vista quién es realmente.

Aislamiento y dependencia emocional

El cónyuge rehén puede volverse cada vez más aislado socialmente, ya que el cónyuge controlador puede intentar mantenerlo alejado de amigos y familiares que podrían brindar apoyo y perspectivas externas. Como resultado, el rehén se vuelve más dependiente emocionalmente de su pareja, creyendo que no puede funcionar o ser feliz sin ella.

Deterioro de la salud mental y emocional

Estar atrapado en una relación de rehén emocional puede tener un impacto negativo en la salud mental y emocional del cónyuge rehén. Puede experimentar ansiedad, depresión, estrés crónico y otros trastornos emocionales como resultado de la constante manipulación y desgaste psicológico.

Impacto en la relación con Dios y la vida espiritual

El rehén emocional puede sentirse atrapado no solo en su matrimonio, sino también en su relación con Dios. Puede experimentar dificultades para conectarse con Dios y su fe debido a la manipulación y el control emocional que experimentan. Su vida espiritual puede verse afectada negativamente, y pueden tener dificultades para confiar en Dios y recibir su amor y gracia.

Pérdida de autonomía y toma de decisiones

El cónyuge rehén puede sentir que ha perdido su capacidad de tomar decisiones y controlar su propia vida. Sus opiniones y deseos son constantemente ignorados o menospreciados, lo que puede generar una sensación de impotencia y desesperanza.

Impacto en la crianza de los hijos

Si hay hijos involucrados en el matrimonio, el cónyuge rehén puede tener dificultades para criar a los hijos de manera saludable y equilibrada. El control emocional ejercido por el cónyuge manipulador puede influir negativamente en la dinámica familiar y afectar el bienestar emocional de los hijos.

Ciclo de abuso y perpetuación de patrones dañinos

Ser un rehén emocional puede perpetuar patrones de abuso y comportamientos tóxicos en futuras relaciones. El cónyuge rehén puede tener dificultades para establecer límites saludables y puede ser más susceptible a relacionarse con personas que ejerzan control emocional en el futuro. Es importante reconocer estos peligros y buscar ayuda para salir de una situación de rehén emocional. El apoyo de un terapeuta, consejero o líder espiritual puede ser fundamental para ayudar al cónyuge rehén a recuperar su autonomía y sanar emocionalmente.

Puede superarse

Superar el ser rehén emocional en el matrimonio es un proceso desafiante, pero es posible con la ayuda adecuada y el compromiso de ambos cónyuges. A continuación, algunas herramientas y enfoques que pueden ser útiles en este proceso.

Terapia de pareja

Buscar terapia de pareja con un terapeuta especializado en problemas matrimoniales puede ser muy beneficioso. Un terapeuta puede ayudar a identificar patrones dañinos, facilitar la comunicación entre los cónyuges y ofrecer estrategias para abordar el rehén emocional.

Terapia individual

Además de la terapia de pareja, el cónyuge rehén puede beneficiarse de la terapia individual. Esto les permite trabajar en su propia autoestima, establecer límites saludables y desarrollar estrategias para fortalecer su autonomía emocional.

Educación y lectura

Leer libros y buscar recursos que aborden el tema del rehén emocional y el matrimonio saludable puede proporcionar información y perspectivas valiosas. Esto puede ayudar a los cónyuges a comprender mejor su situación y brindarles herramientas prácticas para superarla.

Apoyo de la comunidad de fe

Buscar apoyo en la comunidad cristiana puede ser de gran ayuda. Participar en grupos de apoyo o programas de consejería dentro de la iglesia puede brindar un espacio seguro para compartir experiencias, recibir orientación espiritual y encontrar apoyo emocional.

Comunicación abierta y honesta

Fomentar una comunicación abierta y honesta entre los cónyuges es fundamental. Esto implica expresar los sentimientos, necesidades y preocupaciones de manera clara y respetuosa. La comunicación abierta y el trabajo conjunto, facilita la comprensión mutua para superar el ser un rehén emocional. Es importante recordar que superar el rehén emocional en el matrimonio lleva tiempo y esfuerzo. Es necesario el compromiso de ambos cónyuges para trabajar juntos en el proceso de sanación y crecimiento personal. La búsqueda de ayuda profesional y espiritual puede brindar el apoyo necesario para superar los desafíos y construir un matrimonio más saludable y equilibrado.

PREGUNTAS DEL CAPÍTULO 6

1. ¿Se ha sentido aprisionado en la relación con su cónyuge?
_____
_____
_____
_____

2. ¿Ha hablado esto con otras personas?
_____
_____
_____
_____

3. Luego de leer el capítulo, ¿Qué pasos prácticos va a dar para evitar ser un rehén emocional?
_____
_____
_____
_____

CONCLUSIÓN
Que continúe la aventura

Llegamos al final del libro, pero no al final de esta aventura. Reiteramos, es posible tener un matrimonio que no tenga fin. Retomando las ilustraciones del comienzo, una vez levantado el vuelo y alineado el avión solo hay un objetivo, llegar a nuestro destino. Habrá turbulencia, eso ya lo vimos y sabemos que las mismas son: impredecibles, imparciales, imprevistas, vienen de diferentes direcciones y en diferente potencia. Lo importante es mantenerse en el rumbo, manejar bien la nave y conocer como maniobrar a la vez que se está en el aire. Conózcanse, hablen de sus respectivos pasados. Entiéndanse, no quiero decir con esto que piensen de igual forma. Apóyense, la Biblia dice que es mejor cuando dos van caminando juntos por que si uno se cae, tienen en el otro un apoyo para poderse levantar.

Si ya levaron anclas, izaron las velas, soltaron las sogas y partieron del puerto hacia el mar profundo sepan que se van a levantar las tormentas y las olas van a azotar con violencia. Tenemos un enemigo que vino solo a robar, matar y destruir. Tampoco es tiempo de volver atrás. Es el momento de comenzar a suplir las necesidades del uno y del otro. Si en la trayectoria tienen que tirar las anclas para detenerse por un momento, háganlo. Es necesario evaluar: ¿dónde estamos? ¿Que nos falta para seguir adelante? ¿Debemos hacer un cambio de ruta para llegar a nuestro destino? Que el agite del día a día, las rutinas y las presiones no hundan la barca. No den por sentadas las cosas, hay unas necesidades: dialogo, compañía recreacional, afecto, amor y honestidad. Todas ellas mantienen la barca a flote y con un norte fijo. Deje que el viento del Espíritu impulse las velas de su matrimonio, descanse en el Señor que nunca le deja, y disfrute cada momento de la travesía.

Si ya puso la llave, presionó el pedal de frenos y puso el vehículo en marcha, ¡¡¡tenga cuidado!!! Habrá curvas, cuestas empinadas, averías y huecos en el camino. En algunas ocasiones Dios le proveerá la sabiduría para poder manejar la situación y arreglar lo que sea pertinente. En otras, tendrá que ir al mecánico para que trabaje con su vehículo. No está mal pedir ayuda, de hecho, hay momentos donde esa es la única opción o de lo contrario se pueden seguir averiando otras piezas en el vehículo echándolo a perder totalmente. Le aconsejo, buscar ayuda profesional. Le podemos ayudar o cualquier terapista matrimonial. Pero, por favor, busque ayuda. Detenga todo y dele prioridad a su matrimonio. Evite seguir haciendo aquellas cosas que dañan y matan el amor. Comience identificándolas: faltas de respeto, deshonestidad, demandas egoístas, ataques de ira y coraje. Luego vaya a la presencia de Dios y con un corazón arrepentido pídale que le perdone. Acto seguido, busque ayuda antes que sea demasiado tarde.

Si ya sonaron las bocinas del tren, y el motor del ferrocarril comenzó a halar con fuerza los vagones. Si ya se escucharon los estadillos de aire de los frenos y van tomando velocidad. Siéntese y disfrute el paisaje. Es posible que tengan que atravesar áreas rocosas, puentes estrechos sobre riachuelos y que hayan paradas en el trayecto. Gente entrará y gente se bajará. Es momento de establecer, mantener y seguir los límites en el matrimonio. No permita que nadie se suba a su vagón para destruir, robar, dañar, crear duda, menospreciarle a usted o a su cónyuge. Protejan su matri monio de intrusos. Solo permitan que gente que viene a añadir, motivar, impulsar y bendecir, se suba y los acompañe. Así podrán disfrutar de todos los hermosos paisajes que provee la aventura.

Evite caer en las trampas del enemigo, y jamás permita que otros le conviertan en un rehén emocional. Usted vale mucho para Dios y para nosotros también. Dios tiene planes de bienestar para su vida y para su matrimonio. Usted no fue creado para ser la alfombra de nadie. No deje que le pisoteen. No deje que le menosprecien. No permita que le abusen mental, emocional ni físicamente.

Finalmente, les dejamos unos últimos consejos. Si bien cada matrimonio es único y enfrenta desafíos específicos, hay principios fundamentales que pueden fortalecer y nutrir el matrimoio. Para finalizar quiero que exploremos una amplia gama de consejos y prácticas basadas en la fe para ayudar a los matrimonios cristianos a crecer en amor, comprensión y compromiso.

Coloque a Dios en el centro

El fundamento de un matrimonio cristiano sólido es la relación individual de cada cónyuge con Dios. Buscar a Dios en oración, estudiar Su Palabra y cultivar una vida de adoración juntos, fortalecerá su conexión espiritual y les proporcionará sabiduría y guía en su relación matrimonial.

Priorizar el tiempo juntos

Sé que se los había dicho antes. Se los repito porque es importante. Programen citas regulares, ya sea para salir a cenar, dar un paseo o simplemente disfrutar de una tarde tranquila en casa. Utilicen este tiempo para reconectar, compartir sus sueños y nutrir su amor.

Practicar el perdón y la gracia

Ningún matrimonio está exento de conflictos y desacuerdos. Aprendan a perdonarse mutuamente y a dar gracias como Dios nos ha perdonado. No guarden rencores ni permitan que la amargura se arraigue en sus corazones. En cambio, busquen la reconciliación y la sanidad, recordando que el amor cubre multitud de faltas.

Sírvanse y apóyense mutuamente

Busquen maneras de servirse el uno al otro y de apoyarse en sus respectivas metas y sueños. Recuerden que están en este viaje juntos, y su éxito y felicidad radican en el crecimiento y bienestar mutuo.

Mantener la intimidad emocional y física

Cultiven la intimidad en todas sus formas. Aparten tiempo para compartir sus sentimientos, sueños y temores más profundos. Además, mantengan una vida sexual saludable y satisfactoria, en la que se honren y se cuiden mutuamente.

Buscar consejería cuando sea necesario

También se los había dicho antes. Créanme, si no fuera importante, no se los repetiría. Si enfrentan desafíos persistentes o difíciles en su matrimonio, no duden en buscar ayuda. La consejería matrimonial cristiana puede proporcionar una perspectiva externa y herramientas prácticas para resolver problemas y fortalecer su relación.

Orar juntos

La oración en pareja es una poderosa forma de unión espiritual. Tómense el tiempo para orar juntos, presentando sus necesidades y sueños a Dios. Esto fortalecerá su conexión con Dios y entre ustedes como pareja. La oración es poderosa y cambia las cosas.

Sean ejemplo de amor y gracia

Su matrimonio puede ser un testimonio vivo del amor de Dios para aquellos que los rodean. Sean conscientes de que sus acciones y actitudes influyen en otros, especialmente en sus hijos. Busquen vivir de acuerdo con los principios bíblicos y sean un faro de esperanza y amor en su entorno.

Nunca dejar de aprender y crecer

El matrimonio es un viaje para toda la vida. ¿Recuerda MapQuest? Antes de los teléfonos inteligentes, la gente buscaba direcciones en línea, las imprimía y navegaba hasta su destino rodeada de una pila de papeles. Parece mucho trabajo para una escapada de fin de semana. Pero seamos personales por un minuto. Usted y su cónyuge también están en un viaje. Se llama matrimonio, se llama vida y avanza en la dirección de las decisiones que tomen. Esa dirección determina su destino. Le pregunto, ¿Le gusta la dirección en la que va? Para la mayoría de nosotros, la respuesta es no. Así que, ¿qué hacemos? ¿Cómo tomamos buenas decisiones en lugar de malas? ¿Cómo podemos detener los comportamientos negativos que sabemos que no son buenos para nuestro matrimonio y vivir la vida que Dios planeó para nosotros? Comprométanse a crecer juntos, buscar conocimiento y herramientas para fortalecer su relación. Lean libros, asistan a conferencias y busquen mentores matrimoniales que puedan compartir su sabiduría y experiencia.

Recuerden que ningún matrimonio es perfecto, pero con la guía de Dios y la dedicación mutua, pueden construir un matrimonio sólido y significativo. Es mi oración que pueda poner todos estos consejos en práctica y que tome, intencionalmente y con determinación, la decisión de tener y mantener un matrimonio que dure hasta que la muerte los separe.

Vamos repita conmigo: "Mi matrimonio está y será una travesía que no tiene fin". ¡Bendiciones!

Made in the USA
Middletown, DE
21 June 2024

55774979R00084